Adolf Tobler

Li proverbe au vilain, die Sprichwörter des gemeinen Mannes

Altfranzösische Dichtung nach den bisher bekannten Handschriften

Adolf Tobler

Li proverbe au vilain, die Sprichwörter des gemeinen Mannes
Altfranzösische Dichtung nach den bisher bekannten Handschriften

ISBN/EAN: 9783742894694

Hergestellt in Europa, USA, Kanada, Australien, Japan

Cover: Foto ©Thomas Meinert / pixelio.de

Manufactured and distributed by brebook publishing software
(www.brebook.com)

Adolf Tobler

Li proverbe au vilain, die Sprichwörter des gemeinen Mannes

LI

PROVERBE AU VILAIN

DIE SPRICHWÖRTER DES GEMEINEN MANNES

ALTFRANZÖSISCHE DICHTUNG

NACH

DEN BISHER BEKANNTEN HANDSCHRIFTEN

HERAUSGEGEBEN

VON

ADOLF TOBLER

LEIPZIG

VERLAG VON S. HIRZEL

1895.

Gaston Paris

in herzlicher Dankbarkeit für langjährige

Freundschaft.

Einleitung.

Die hier zum erstenmal unter der Überschrift *li pro-verbe au vilain* ¹) vereinigten Strophen, 280 an der Zahl, sind folgenden Handschriften entnommen:

F*α* Nationalbibliothek in Paris, Fonds français 17177 (vormals S. Germain 658). Die Handschrift, die dem Ende des dreizehnten Jahrhunderts angehört und, wie mir Herr Paul Meyer freundlich mitteilt, zuerst eine Geschichte des Altertums, außerdem eine abgekürzte Chronik und ein Itinerarium für das heilige Land sowie bisher unbeachtete Auszüge aus Philipps von Novara ,Vier Lebensaltern' enthält, und in der nach Histoire littér. XXIII 243 auch die Moralitez des philosophes des Alart de Cambrai stehn, soll demnächst durch den genannten Gelehrten beschrieben werden. Die Sprichwörter, die uns hier angehn, füllen Bl. CCLXXV r⁰ a — CCLXXXI r⁰ a; es sind ihrer 201. Bei einem leider sehr kurzen Aufenthalt in Paris habe ich im Jahr 1889 nur die ersten 64 Strophen selbst abschreiben können; die Kopie der übrigen verdanke ich der Freundschaft Carl Wahlunds. Angeführt und kurz beschrieben hatte ich die Handschrift bei Leroux de Lincy, Livre des Proverbes I¹ S. XC gefunden.

A Arsenalbibliothek in Paris, Mscr. français 3142 (früher Belles Lettres françaises 175). Auch dieser Text ist um das Ende des dreizehnten Jahrhunderts geschrieben. Wir haben von dem Buche, auf welches Leroux a. a. O. I¹ S. C hinweist, eine genaue Beschreibung durch FMichel in der Einleitung seiner Ausgabe von Jean Bodels Chanson

---

¹) In F*α* lautet die Überschrift *Des proverbes au villain*, in F*β* *De proverbes et du vilain*, in D *Les proverbes del vilain*; die übrigen Handschriften gewähren weder zu Anfang noch am Ende eine Bezeichnung des Werkes.

des Saxons S. LII ff. Auf den Blättern 273 a — 278 e finden sich 182 Strophen der Proverbes; die untere Hälfte der letzten Spalte und das ganze folgende Blatt sind frei gelassen; der Schreiber scheint gewußt zu haben, daß er nicht alles Vorhandene gab. In oft bewährter Anhänglichkeit hat Karl Breul 1884 den Text für mich abgeschrieben, Eugen Braunholtz die Abschrift mit der Vorlage nochmals verglichen.

Fγ Nationalbibliothek in Paris, Fonds français 837 (früher 7218). Diese Handschrift ist von Paulin Paris, les Manuscrits français VI 404, beschrieben. Sie ist gleichfalls um das Ende des dreizehnten Jahrhunderts ausgeführt und giebt auf Blatt 164 r⁰ b—165 v⁰ b von unserer Dichtung 36 Strophen, von einer weiteren bloß die erste Zeile, indem dahinter mindestens ein Blatt fehlt. Irrtümlich bezeichnet Leroux a. a. O. I¹ S. XCIV, wo er dieser Handschrift erwähnt, die Proverbes au vilain als von Crapelet gedruckt. Die Abschrift habe ich selbst genommen.

Fβ Nationalbibliothek in Paris, Fonds français 19152 (vormals S. Germain 1239, auch Bibl. roy. 1830). Gleichzeitig mit den vorher aufgeführten Niederschriften. Die von Leroux I¹ S. XCII erwähnte Handschrift ist, da sie auch den Partonopeus enthält, von Crapelet in seiner Ausgabe dieses Romans S. 27 ff. der Description des manuscrits beschrieben. Von Blatt 73 v⁰ c—77 r⁰ a finden sich von unserem Gedichte 97 Strophen, hinter deren letzter das *explicit* nicht fehlt. Die Abschrift der ersten 49 verdanke ich der Gefälligkeit des Herrn Oberlehrer Dr. Bernhard Schneider; ich habe mich selbst durch Nachvergleichung von seiner Sorgfalt überzeugen können und bei dieser Gelegenheit den Rest des Textes unter Dach gebracht.

H Königliche Bibliothek in Berlin, Hamilton-Sammlung 257. Gegen Ende des dreizehnten Jahrhunderts geschrieben. Eine Beschreibung hat davon GRaynaud, Romania XII 209 ff. gegeben, GEbeling sie in manchen Einzelheiten berichtigt in dem mir zum 31. Januar 1895 gewidmeten Bande S. 321 ff. Auf den Blättern 53 v⁰ a— 56 v⁰ b liest man hier 72 Strophen und die erste Zeile

einer ferneren; dahinter hat die Handschrift eine große Zahl von Blättern eingebüßt. Die Abschrift habe ich selbst genommen. Natürlich war dieser Text Leroux unbekannt geblieben. D Bodleianische Bibliothek in Oxford, Digby 86. Ende des dreizehnten Jahrhunderts. Die Handschrift ist bekanntlich von EStengel in einem besondern Buche beschrieben (Halle 1871), von dem hier S. 65 in Betracht kommt. Aus ihr hatte schon 1842 FMichel von den im ganzen 118 Strophen, die man da Bl. 143 r⁰ b—149 v⁰ findet, eine ansehnliche Zahl für Leroux' Livre des proverbes II¹ 376—385 ausgezogen. Mein Freund ANapier hat diesen Auszug oder, genauer gesagt, den der zweiten Ausgabe von Leroux' Buche, der die nämlichen Strophen, aber nicht ohne mehrere Fehler bietet, für mich mit der Handschrift verglichen und mich mit der Kopie der von Michel übergangenen 22 Strophen freundlich beschenkt.

Die Handschrift vormals S. Germain 1830 (jetzt 19577), von der Jubinal, Œuvres compl. de Rutebeuf I¹ 132 Anm. und Leroux I¹ S. XCIII angeben, sie enthalte u. a. die Proverbes au vilain, ist ganz andern Inhaltes. Das Versehn ist wohl dadurch veranlaßt, daß die Handschrift S. Germain 1239 (mein Fβ) einmal die Nummer Bibl. roy. 1830 getragen hat; s. Johannes Martins Ausgabe der Proverbes au conte de Bretaigne, Erlangen 1892 S. 4. Die Oxforder Handschrift Seld. supr. 74, von der Stengel a. a. O. S. 66 spricht, enthält ein von dem unsern durchaus verschiedenes Gedicht, das man jetzt in der Zeitschr. f. franz. Sprache XIV 1, 154 lesen kann. Auch von der im achtzehnten Jahrhundert angefertigten, von Leroux I¹ S. XCIII erwähnten Handschrift der Nationalbibliothek Suppl. franç. 1941 (jetzt 15111) darf abgesehn werden, da sie auf ihren 390 Oktavseiten weiter nichts als Abschriften von der Hand des 1727 verstorbenen Benediktiners Dom Lobineau aus Fβ enthält, von unserem Gedichte übrigens nur etwa zwanzig Strophen, sonst einzig Sprichwörter der Strophenschlüsse (gütige Mitteilung von JJeanjaquet). Hienach ist zu berichtigen, was bei GNaetebus,

die nicht-lyrischen Strophenformen des Altfranzösischen, Leipzig 1891, S. 158 über die Handschriften von LXVl 1 gesagt ist.

Es liegen nun die Dinge durchaus nicht so, daß wir ohne weiteres Fα mit 201 Strophen als die vollständige, die übrigen Handschriften in der Reihenfolge A, D, Fβ, H, Fγ mit ihren 182, 118, 97, 72, 36 Strophen als solche Niederschriften anzusehn hätten, von denen die folgende immer noch etwas mehr als die vorangehende von dem in Fα Enthaltenen eingebüßt hätte. Halten wir neben die längste Fassung Fα (201) die zweitlängste A (182), so ergiebt sich die Minderung der Strophenzahl um 19 vielmehr daraus, daß von den Strophen von Fα volle 32 vermißt werden, dagegen 13 neue hinzutreten, die in Fα fehlen. Der Unterschied im Strophenbestande zwischen Fα (201) und D (118) kommt so zu stande, daß 131 Strophen fehlen, dagegen 46 neue, worunter zwei zweimal, begegnen. Selbst die kürzeste Niederschrift Fγ hat unter ihren bloß 36 Strophen immer noch 9, die der längsten abgehn, darunter zwei, die wir überhaupt nur in Fγ antreffen. Alles zusammengefaßt, besitzen wir 280 Strophen, aber in allen sechs Handschriften davon nur 8 (2, 41, 73, 82, 86, 93, 102, 201). In allen mit Ausnahme von Fγ 10 Strophen (18, 19, 23, 26, 30, 34, 36, 72, 99, 186); in allen mit Ausnahme von H 8 Strophen (6, 52, 122, 146, 148, 181, 194, 199); in allen außer Fβ 1 Strophe (105); von Strophen, die nur D fehlen, giebt es bloß 1 (39); nur A fehlen 2 Strophen (3, 126); Strophen, die bloß Fα vermissen ließe, treten nicht auf; also 22 Strophen, für die wir 5 Hss. haben, aber nicht immer dieselben.

In vier Hss. (nicht in FγH) stehn 16 Strophen (5, 7, 8, 11, 13, 14, 25, 43, 49, 53, 71, 78, 96, 104, 136, 178); in vier Hss. (nicht in FβFγ) stehn 3 Strophen (29, 31, 38); in vier Hss. (nicht in FβH) stehn 4 Strophen (4, 57, 87, 140); in vier Hss. stehn (fehlen nur in FγD) 7 Strophen (15, 20, 35, 50, 61, 191, 193); es fehlt einzig HD eine Strophe (47), einzig AH eine (161), nur FγA

eine (60), nur FαH eine (202); für 34 Strophen haben
wir also je 4 Hss., bald die, bald jene.

In drei Hss. sind überliefert, und zwar in FαAH
20 Strophen (9, 16, 21, 27, 28, 32, 33, 44, 45, 46, 55,
58, 64, 81, 100, 106, 110, 111, 112, 117), in FαAD
13 Strophen (1, 12, 22, 37, 56, 70, 114, 118, 120, 124,
139, 197, 198), in FαAFβ 7 Strophen (10, 24, 40, 91, 107,
123, 134), in FβHD vier Strophen (220, 223, 226, 227),
in AFβD drei (205, 211, 212), in FαFβD zwei (160, 174),
in AFγD zwei (208, 213), je eine in FγFβD (217), in
FαAFγ (54), FαFβFγ (170), AFγFβ (203), AHD (204),
zusammen 56 Strophen.

In zwei Hss. liegen vor und zwar in FαA 69 Strophen (17, 42, 48, 51, 59, 62, 63, 65, 66, 67, 68, 69,
74, 75, 76, 77, 79, 80, 83, 84, 85, 88, 89, 90, 92, 94,
95, 97, 98, 101, 103, 108, 109, 113, 115, 116, 119,
121, 125, 135, 137, 138, 141, 142, 143, 144, 145, 147,
149, 150, 151, 173, 175, 176, 177, 179, 180, 182, 183,
184, 185, 187, 188, 189, 190, 192, 195, 196, 200), in
FαD 1 Strophe (165), in AD 2 Strophen (209, 210), in
FγD 2 Strophen (215, 219), in FβD 4 Strophen (221,
222, 225, 229), in FβH 2 Strophen (230, 231), zusammen 80 Strophen.

Endlich sind viele Strophen in nur je einer Hs.
zu finden und zwar in Fα 23 Strophen (127, 128, 129,
130, 131, 132, 133, 152, 153, 154, 155, 156, 157, 158,
159, 162, 163, 164, 166, 167, 168, 169, 171, 172), in A
3 Strophen (206, 207, 214), in Fγ 2 Strophen (216, 218),
in Fβ 12 Strophen (224, 228, 232—241), in H 13 Strophen (242—254), in D 26 Strophen (255—280), zusammen 80 Strophen.

Bei diesem Sachverhalt kann keine der sechs Handschriften eine der andern zu ihrer einzigen Quelle gehabt
haben. Aber nicht bloß nach der Ausdehnung des in
jeder Gebotenen unterscheiden sie sich wesentlich voneinander, sondern außerdem

1. durch die Reihenfolge der ihnen gemeinsamen
Strophen, welche die allermannigfaltigste ist. Nur zwischen

Fα und A besteht eine gewisse Übereinstimmung wenigstens insofern, als die Strophen, die in Fα die Stellen 7—55 einnehmen, in A in der gleichen Folge auftreten, allerdings hie und da in der letztern Hs. eine Strophe zwischen sich nehmend, die in der ersteren fehlt oder einen andern Platz gefunden hat. Gleiches gilt von den Reihen in Fα 62—92 und in A 128—164, ferner in Fα 93—98 und in A 61—66, weiter in Fα 99—125 und in A 95—123, in Fα 134—151 und in A 165—182, endlich in Fα 173—201 und in A 67—93. Eine gewisse Verwandtschaft weisen auch Fβ und H unter sich auf: die Strophen 10—15 und 19, 21, 22 von H treffen wir in gleicher Folge, jedoch durch dazwischen tretende getrennt, in Fβ, und die Strophen, die in ersterer Handschrift als 4 und 5, als 6 und 7, als 23 und 24, als 25 und 26, als 27 und 28 nebeneinander stehn, sind in Fβ gleichfalls so gepaart als 7 und 8, 14 und 15, 65 und 66, 70 und 71 zu finden.

2. Bei Gleichheit der Strophen gehn die Handschriften nicht selten bezüglich der an den Schluß tretenden Sprichwörter auseinander, und zwar begegnen Divergenzen dieser Art auch zwischen Handschriften, die hinsichtlich der Strophenfolge sich verwandt gezeigt haben.

3. Die Handschriften Fα und A heben mit einer Strophe (1) an, die als eine Art Widmung wohl gelten darf, sich übrigens nur noch in D, und dort ins Innere gerückt, findet.

> Herr Graf, auf eure Huld
> Wart' ich ohn' Ungeduld,
> Auf eure ganz allein;
> Doch nehm' ich mich in acht,
> Und meide mit Bedacht
> Euch lästig je zu sein.
> *Wer das Warten versteht, wartet nicht allzulange,*
> sagt der Bauer.

Ohne Zweifel ist *Frans cuens*, wie in D steht, die richtige Lesart, nicht *Frans cuers*.

Anders sind H und Fβ eingeleitet; aber vermutlich ist die hier vorangestellte Strophe, die neun statt sechs Zeilen aufweist, auch nicht auf ein Sprichwort ausläuft wie alle übrigen, nicht ursprünglich:

Wen gute Red' ergetzt,
Sprichwörter wohlgesetzt,
Der komm' und halte Ruh.
Zu lernen ist dabei
Für manchen mancherlei,
Wie er am besten thu.
Der Bauernweisheit Lehr
Zu künden ich begehr.
So kommt und hört mir zu[1]).

D läßt eine Art Vorwort auch nicht vermissen und schließt die Eingangsstrophe (280) angemessenerweise mit einem nicht übel gewählten Sprichwort; aber die Strophe selbst hat nicht die sonst durchgeführte Form aab aab, sondern aa bb cc und wird dadurch mehr als verdächtig:

Manch Bauernsprüchlein wahr
Bringt man euch hiermit dar,
Das drum nicht minder frommt,
Wenn es vom Bauer kommt.
Ihm hat es bessern Sinn,
Als Narren finden drin.
Statt Wildbret nimmt ein kluger Mann auch
Hammelfleisch,
sagt der Bauer.

---

[1]) Qui veut öir bons dis,
Proverbes bien asis,
Or m'escout, si orra.
Il porra, ce m'est vis,
Asés aprendre es dis,
Qui bien les entendra.
Li dit sont dou vilain
Que orrez aparmain,
Si comencerai ja.

1 o. beaus mos H   2 Bons prouerbes bons ris Fβ   3 Si esc. Fβ   4 Si p. Fβ
8 Que uos orroiz parmain Fβ   9 Si comenceront ia Fβ.

Durch das Gedicht hin zerstreut begegnen in ziemlich großer Zahl Stellen, wo ein Verfasser über sich selbst Äußerungen thut, die uns zwar seinen Namen nicht kennen lehren, aber Aufschlüsse über sein Thun, seine Lebensstellung, seinen Aufenthalt und anderes gewähren; daneben weitere Stellen, die wenigstens auf die Zeit der Abfassung zu schließen erlauben. Nicht von allen ist in gleichem Maße sicher, daß sie dem ursprünglichen Bestande einer Dichtung angehören, die zur Interpolation mehr als andere locken mußte, nicht alle treffen wir in den nämlichen oder in gleich viel Handschriften; aber alles, was sich von der angegebenen Art vorfindet, ist sehr wohl als Äußerung einer und derselben Person denkbar; und es ist schwer zu glauben, daß etwaige spätere Bearbeiter Mitteilungen über ihre eigene Person, sich selbst mit ‚ich' und weiter nichts bezeichnend, unter die eines andern gemengt hätten, der gleichfalls in erster Person von sich gesprochen hätte. Prüfen wir diese Äußerungen um so allmählich eine bestimmtere Vorstellung von der Person zu gewinnen, die als Urheber wo nicht des ganzen Werkes, doch des größeren Teils dahinter steht.

> (34) Zwei hab' ich angefangen:
> Ich war zur Schul gegangen,
> Doch blieb ich nicht dabei.
> Und was ich jetzt auch schaffe,
> Ich bin nicht Lai, nicht Pfaffe,
> Ich bin nicht Pfaff, nicht Lai.
> *Wer zwei Hasen jagt, fängt keinen,*
> sagt der Bauer.

Fünf Handschriften. Der Verfasser hat die Schule besucht, ist ihr aber untreu geworden; nun weiß er nicht, ob er sich dem geistlichen Stande noch zuzählen darf oder nicht.

> (78) In langem Dienst bei Pfaffen
> Konnt' ich mir nichts erraffen,
> Nicht Geld und nicht Gewand.

Ich wär' ein reicher Mann,
Hätt' ich von Anfang an
Mich Rittern zugewandt.
*Wer sich rechtzeitig vorsieht, hat später nicht das
Nachsehen,*
sagt der Bauer.

Vier Handschriften. Sein Leben unter den Gelehrten
hat ihm wenig greifbaren Gewinn gebracht. Nützlicher
wäre ihm gewesen von Anbeginn die ritterliche Gesellschaft aufzusuchen.

(61) Am Hof werd' ich gehegt
Aufs beste und gepflegt;
Doch will's wie Haft mir scheinen,
Doch zieht es mich hinaus;
Ich wollt', ich wär zu Haus,
Ich wäre bei den Meinen.
*Der Hund steht auf vom gemächlichen Schlafen,
läuft ins Dorf und holt sich Prügel,*
sagt der Bauer.

Vier Handschriften. So gut es ihm jetzt bei Hof
ergeht, doch fühlt er sich da unfrei, und es treibt ihn
ins Land hinauszuziehn und seine alten Freunde wieder-
zusehn.

(54) Lass' ich den Hof manchmal,
Zieh rund ich aus; und schmal
Und blaß ich wieder kehre.
Was geh' ich Narr auch fort!
Wo fänd' ich einen Ort,
Da man so hold mir wäre?
Ein Thor, wem Weizenbrot nicht fein genug ist,
sagt der Bauer.

Drei Handschriften. Wenn er, wie bisweilen geschieht,
den Hof wohlgenährt verläßt, so kommt er von seinen
Ausflügen sicher abgemagert zurück. Warum auch von da
weggehn, wo man sich seiner am freundlichsten annimmt!

(40) Die Augen bringen Kunde
Ans Herz zu jeder Stunde
Als Boten wohlbestallt.
Säh mich mein Graf nicht hier,
Er früge nicht nach mir,
Vergäße mein gar bald.
Was das Auge nicht sieht, thut dem Herzen nicht weh,
sagt der Bauer.

Drei Handschriften. Leicht könnte der Graf sein
vergessen, wenn der Dichter nicht im Bereiche seiner
Augen bliebe.

(56) Mir ist vor Not nicht bange,
Vor Schaden nicht, solange
Mein Graf mir bleibt gewogen.
Ich denke nicht·an morgen,
Wenn er für mich will sorgen,
Wie er bisher gepflogen.
Ruhig trinkt, wem sein Bett winkt,
sagt der Bauer.

Drei Handschriften. Solange der Graf nicht müde
wird als gütiger Gönner sich des Dichters anzunehmen,
braucht dieser nicht zu sorgen.

(97) Ich fahr nach allen Winden
Mein spärlich Brot zu finden;
Doch zieht es mich nach Flandern,
Mein Handwerk da zu treiben;
Dies Land giebt Brot mir; bleiben
Mag ich in keinem andern.
Den lob' ich mir, der mir Liebes erweist,
sagt der Bauer.

Zwei Handschriften. Der Dichter sucht sein Aus-
kommen bald hier bald da; aber zu Flandern steht er
in eigentlichem Dienstverhältnis; dort kann er am leich-
testen seinen Unterhalt finden.

(70) Vom Bischof hab' ich oft
Erbeten und erhofft
'ne fette Kaplanei;
Allein er scheint zu denken,
Daß rätlicher als Schenken
Doch stets Verkaufen sei.
Bei leerer Hand leeres Bitten,
sagt der Bauer.

Drei Handschriften. Wenn er etwa von einem Bischof
— bleiben wir in Flandern, so werden wir an den von
Arras oder den von Tournai denken müssen — eine kleine
Pfründe zu erhalten gehofft hat, so ist daraus nichts geworden; dergleichen verkaufen die Herren Prälaten lieber,
als sie es verschenken.

(179) Brabanter Söldnerhorden
Ziehn nach Burgund und morden,
Sengen und brennen nieder.
Doch läßt im fremden Land
Der Aug, der Fuß, der Hand;
So kommen sie uns wieder.
Von so hoch so tief,
sagt der Bauer.

Zwei Handschriften. Brabanzonen ziehn nach Burgund
und treiben da ihr wildes Gewerbe; Edelleute und Kastel-
lane müssen durch sie das Leben lassen. Aber die wüsten
Gesellen kommen auch arg verstümmelt wieder heim. Der
Name der Brabançons bezeichnet im zwölften Jahrhundert
Söldnerbanden überhaupt, ohne Rücksicht auf ihre Herkunft; s. Du Cange unter Brabanciones; Géraud, Les
routiers au XIIe siècle in Bibliothèque de l'École des
Chartes, Iᵉ série, T. III, 1841; ASchultz, Höf. Leben II²
193; daß das Wort auch einfach soviel wie ‚gedungener
Totschläger' bedeutete, sieht man aus Crestiens RCharr.:
Cil dui cop (daß ich ihn nicht sehn und daß ich nicht
mit ihm reden wollte) *l'ont mort, ce me sanble; Ne l'ont*

mort autre breibançon, 4219, oder aus GCoinsy: *Des bre-bençons, des coteriaus A tant ses fils* (Gott) *por li vengier*. .;
Cil coterel, cil brebençon Ce sunt deable, 161, 312; *Ja n'i avra si brebençon Qui pris ne soit a ce tournoi* (beim Turnier zwischen dem Tode und dem Menschen), 693, 208; s. auch in unserm Gedichte Str. 214. Hier ist wohl in Erwägung der nachfolgenden für die Datierung wichtigen Stellen daran zu denken, daß 1166 Guillaume I, Graf von Châlon s. Saône (in Burgund!) eine Truppe Brabançons sammelte und unter seinem Sohne Guillaume gegen Cluny schickte, dessen Geistlichkeit und Bürgerschaft vergeblich mit Kreuz und Fahne, Reliquien und dem Allerheiligsten der wilden Horde entgegenzogen. Diese plünderte und erschlug vielmehr die Wehrlosen. Ludwig VII zog nun gegen den Grafen, nahm Châlon ein und verheerte die Grafschaft um ihn zu züchtigen, s. Géraud a. a. O. S. 131, der von späterem Auftreten der Brabanzonen in Burgund nichts zu melden weiß, Duchesne, Historiae Franc. script. coet. IV 417; Plancher, Histoire génér. et partic. de Bourgogne I 355; Petit, Histoire des ducs de Bourgogne de la race capét. II 166. Es ist seltsam, daß Gualt. Mapes, de nugis curial. Kap. XXIX von den *Brebeazones* als von einer ketzerischen Sekte spricht.

> (84) In Hennegau der Graf
> Rein abgebrannt mich traf;
> Nicht wußt' ich aus noch ein.
> Gesegnet sei das Jahr!
> Was ihm ein Bettel war,
> Mir schien's ein Schatz zu sein.
> *Tagüber fasten ist kein Unglück, wer sich abends*
> *satt ißt,*
> sagt der Bauer.

Zwei Handschriften. Der Graf (von Flandern) hat den von allem entblößten Dichter in Hennegau gefunden und mit Wohlthaten beglückt. Erinnern wir uns, daß Philipp von Flandern, auf den alles hinweist, Balduin V von Hennegau zum Schwager hatte, indem des

ersteren Schwester Margarete seit 1169 an letzteren vermählt war, der denn auch als Balduin VIII jenes Nach-
folger in Flandern wurde. Nachdem Balduins Tochter
Isabella mit König Philipp August 1180 vermählt worden
war, stand jener freilich dem Grafen von Flandern wiederholt auf des Königs Seite als Feind gegenüber.
Einige weitere Stellen bringen zu dem, was die bisher betrachteten ergaben, Neues nicht hinzu. Str. 1 (drei
Hds.) zeigt nur wieder, daß der Graf der einzige ist, um
dessen Huld der Dichter sich bemüht, und daß ihm zu
mißfallen dieser vor allem vermeidet; Str. 153 giebt abermals der zuversichtlichen Hoffnung auf des Grafen Güte
Ausdruck (eine Hds.); Str. 184 (zwei Hds.) heißt es,
seinem guten Herrn die eigene üble Lage geheim zu
halten, würde soviel heißen, wie den eigenen Schaden
wollen; Str. 162 (eine Hds.) beteuert der Dichter, seine
Ergebenheit an seinen Herrn gehe so weit, daß auch
dessen geringster Dienstmann ihm hochwillkommen sein
würde; Str. 17 (zwei Hds.) spricht von Freunden, die er
habe, die (im Gegensatze zu dem guten Grafen) es beim
Versprechen bewenden lassen.

Wichtiger sind ein paar Äußerungen, die auf die
Kreuzzüge hinweisen. Sie verraten eine gewisse Kühle
der Auffassung, wie sie ja auch anderwärts schon im
zwölften Jahrhundert nicht selten begegnet. Str. 272
(eine Hds.), die übrigens leicht späteren Ursprungs sein
könnte, redet von denen, die zum heiligen Grabe fahren,
während inzwischen mit ihren Weibern und ihrer Habe
andere sich wohl sein lassen; und wie kommen manche
heim!

> (178) Ins heil'ge Land zum Streit
> Zieht mancher froh bereit
> Mit Jauchzen und Juchhei.
> Kommt endlich er zurücke,
> Dann schleicht er an der Krücke;
> Ihm liegt's im Leib wie Blei.
> *Ein müder Ochs wandelt sachte,*
> sagt der Bauer.

Vier Handschriften. Unser Dichter weiß den Wert heiler Gliedmaßen zu schätzen, Str. 214 (eine Hds.). Besondere Beachtung aber verdienen noch zwei Strophen: in Str. 157 (eine Hds.) heißt es, kranke Pilger befehlen ihr Hab und Gut den Templern oder den Johannitern an; seien sie genesen, so versäumen sie nicht vor der Heimkehr es zurückzufordern. Daß der Prozeß gegen die Templer noch nicht begonnen hatte, als unser Gedicht entstand, daß also seine Abfassung vor 1307 liegt, ist auch sonst gewiß; darf man aus der Nichterwähnung der deutschen Ritter schließen, daß dieser Orden (gegründet 1190) noch nicht bestand? Ich glaube nicht. In Str. 91 (drei Hds.) liest man: Die aus dem heiligen Lande Zurückgekommenen wissen viel zu erzählen vom Emir (Sultan) von Iconium; Noradin sei tot, und Herr über Babylon (Cairo) sei nunmehr Saladin. Nureddin ist 1174, Saladin 1193 gestorben; zwischen diesen zwei Jahren liegt die Abfassung des Gedichtes, oder, da wir nunmehr sicher sind, daß der vielgerühmte Graf von Flandern Philipp ist, der, 1143 geboren, seit 1157 neben seinem Vater Thierry, seit 1168 allein regiert hat und 1191 auf dem Kreuzzuge gestorben ist, auf den er im Frühling dieses Jahres König Philipp August begleitet hatte, zwischen 1174 und 1191. Der unbekannte Dichter unserer Sprüche hat also hundert Jahre früher gelebt, als wir nach dem Alter der sechs Handschriften allein annehmen durften, und er hat wenigstens vorübergehend den nämlichen Fürsten zum Gönner gehabt, dem Crestien von Troies seinen Conte dou graal zudachte und neben andern Tugenden eine große Freigebigkeit nachrühmte, den nämlichen, zu dem auch Gautier d'Espinal in freundlicher Beziehung gestanden hat, s. PParis in Histoire litt. XXIII 574 mit Hinweis auf die Stellen, die man jetzt in Faths Ausgabe der Lieder des Castellans von Coucy S. 79 Varianten und im Abdruck der großen Berner Liederhandschrift Nr. 426, 5 findet [1]). Philipps erste Gemahlin

---

[1]) Dagegen kann der Serventois des Jaques de Cisoing, den man jetzt in Schelers Trouvères belges II 74 liest, sich mit seinen

Elisabet von Vermandois, bei der die Teilnahme für die
zeitgenössische Dichtung kaum minder rege war als bei
ihrem Gatten, finden wir bei unserm Dichter nicht erwähnt; die kühle Verständigkeit, die derbe Nüchternheit,
mit der er die Aussprüche der Volksweisheit zusammen-
trug und erläuterte, der Mangel an Verständnis für pre-
ziöse Minne, den wir bei ihm voraussetzen dürfen, seine
stark bürgerliche Art die Beziehungen zwischen den Ge-
schlechtern aufzufassen, waren schwerlich geeignet ihre
Gunst zu gewinnen, auch wenn sie, die 1182 starb, noch
Gelegenheit gehabt haben sollte ihn kennen zu lernen;
s. über sie GParis in Romania XVII 591 ff.

Der weite zeitliche Abstand, der die Entstehung wenigstens eines ansehnlichen Teiles der Dichtung von den
uns vorliegenden Niederschriften trennt, erklärt schon
einigermaßen, daß diese so stark voneinander abweichen
im Umfang des Ganzen, in der Anordnung der Teile, im
Wortlaute der einzelnen Strophen, in ihrer Verbindung mit
Sprichwörtern. Denn auch in dieser letzten Hinsicht be-
merken wir ein starkes Auseinandergehn der sechs Texte:
nicht weniger als 25 in der Hauptsache gleichlautende
Strophen (3, 13, 25, 28, 30, 31, 32, 34, 38, 39, 41,
48, 51, 52, 57, 58, 61, 85, 87, 93, 99, 100, 105, 111,
176) schließen in verschiedenen Handschriften mit je
zwei verschiedenen Sprichwörtern; drei mit je dreien (29,
96, 213), eine gar (86) mit vieren, dergestalt daß 29
Strophen uns im ganzen 63 Sprichwörter kennen lehren,
welcher Thatsache dann allerdings die andere gegenüber-
tritt, daß das nämliche Sprichwort — und zwar bisweilen
in derselben Handschrift — den Schluß von mehr als
einer Strophe bildet, achtundzwanzigmal von zweien, einmal von dreien, einmal von vieren. Schon dieser Sachverhalt läßt sich aus bloßer Nachlässigkeit in der Wieder-

---

Schlußversen nicht an Philipp wenden. Welchen ‚Grafen von
Flandern‘ der Sänger anredet, hat die Histoire littér. XXIII 634
besser erkannt als de Smet S. 36 seines sonst beachtenswerten
Mémoire histor. et crit. sur Philippe d'Alsace (in Mémoires de
l'Acad. roy. de Belgique T. XXI, Bruxelles 1848).

gabe einer Vorlage, die man im ganzen unangetastet zu lassen den Willen gehabt hätte, nicht erklären; er führt — und andere Umstände treten bekräftigend hinzu — zu der Überzeugung, daß von dem Dichter, der gegen Ende des zwölften Jahrhunderts am Hofe Philipps von Flandern lebte und in den oben erörterten Stellen einige Auskunft über sich gegeben hat, nicht alle 280 Strophen herrühren, sondern daß sein Werk Kürzungen und Interpolationen erfahren hat, daß es manchmal wohl auch nur aus wenig treuem Gedächtnis niedergeschrieben ist. Läßt sich das meiste, was uns die Handschriften gewähren, ohne Gewaltsamkeit in die francische Mundart der Zeit um 1200 bringen, wie ich es versucht habe, so erscheinen doch vereinzelt ungenaue Reime und erregen Verdacht (*mise: repentisse* 59; *deserte: lertre* 92; *estrous: plusours* 222; *gage: sache* 239); es tritt einmal *tele* auf, während sonst derartige Feminina dem Gedichte fremd sind; das weibliche Pronomen *el* erscheint zweimal während im übrigen *ele* vorherrscht; *lechiere, sire, pire* ohne *s* sind gesichert, aber auch *leres* einmal; neben dem älteren Nom. sing. *autre* erscheint auch *autres;* ein paar grobe Flexionsfehler in Strophen, die nur je eine Handschrift kennt, kommen dazu.

Man darf ferner gewiß nicht glauben, daß die nur in der anglonormannischen Handschrift D überlieferte Eingangsstrophe, die eine ganz andere Reimordnung zeigt als alle übrigen, von dem Dichter des Grundstocks herrühre; gleiches gilt von Str. 237, die lauter fünfsilbige Verse statt sechssilbiger aufweist, aber auch in nur einer Handschrift steht. Sicher hat ferner nicht der nämliche Dichter das nämliche Sprichwort an verschiedenen Stellen durch verschiedene Strophen eingeleitet. Und kann es glaublich scheinen, daß derjenige, der sich wiederholt mit direkter Rede an seinen Grafen wendet und mehr als einmal des Hofes als der Gesellschaft gedenkt, in der er verkehrt, dieser auch die (übrigens nicht zahlreichen) Strophen vorgelegt habe, die so säuischen Inhaltes sind, daß man sich schwer entschließt, sie auch nur abzudrucken, geschweige

denn sie zu erklären, und daß selbst in den alten Handschriften Wörter oder Verse derselben nachträglich mit
Tinte zugedeckt worden sind? Mir scheint das nicht, so
wenig ich daran zweifle, daß einige gleichfalls derbe
Sprichwörter, die heute bei Hofe vermutlich nicht würden
ausgesprochen werden, die Umgebung Philipps von Flandern
angehört hat ohne mit den Wimpern zu zucken.
Es liegt auf der Hand, daß bei einem Werke von
der Art dessen, das uns beschäftigt, das aus lauter unter
sich völlig zusammenhangslosen Stückchen besteht, einem
Werke, das anzuhören oder zu lesen um so unterhalten-
der ist, je weniger man das dem Inhalte nach Verwandte
zu Gruppen sammelt, kein Abschreiber und vollends keiner,
der aus dem Gedächtnis niederschrieb, großen Wert auf
Vollständigkeit und auf Festhalten einer bestimmten Reihenfolge legen konnte; so erklärt sich — namentlich wenn
man erwägt, daß schwerlich jemals auch nur der anfäng-
liche Bestand auf einmal in seinem ganzen Umfange zum
Vortrage kam — daß er frühzeitig kürzer wurde und die
Ordnung der Strophen bald so bald anders sich gestaltete.
Andererseits ist das Verfahren, durch das die einzelnen Stücke zustande kommen, so ungemein einfach,
daß auch dem Ungeschicktesten es ein Spiel sein mußte
das Gegebene zu mehren, zu einem Sprichworte, dessen
alte einleitende Strophe dem Gedächtnis etwa entschwun-
den war, eine neue anzufertigen oder ein früher noch
nicht hereingezogenes Sprichwort, das ihm einfiel oder
das ihm jemand zur Erklärung aufgab, nach den vorliegenden Mustern zu behandeln. So ist denn auch die
Menge des jetzt Vorhandenen so bedeutend geworden;
und so hat, wenn der heute kaum mehr mit Sicherheit
ausscheidbare Urbestand über die Kreise hinausdrang, an
die er sich wandte, und wenn er lange nach seiner Entstehung anzuziehn und zur Nachahmung zu reizen fort-
fuhr, jene sprachliche und inhaltliche Ungleichartigkeit
sich ergeben können, auf die oben hingewiesen ist. Be-
deutende Schädigung hat sich, wie es scheint, auch dadurch eingestellt, daß bisweilen zu erhaltenen Strophen

die zugehörigen Sprichwörter abhanden gekommen sind;
sie mochten dem Gedächtnis dessen entfallen sein, der
aus der Erinnerung niederschrieb, und wurden dann
wohl unglücklich ersetzt durch anderwärts bereits erklärte
oder sonst wenig passende. Die Varianten unter und die
Anmerkungen hinter dem Texte lehren derartige Fälle in
großer Zahl kennen; sie auch hier im einzelnen zu er-
örtern wird nicht not thun. Wo mehrere Handschriften
zur Verfügung stehn, hält es meist nicht schwer zu erkennen, welches von verschiedenen Sprichwörtern ursprünglich zur Strophe gehört hat; leider aber vermissen wir die
erforderliche Entsprechung zwischen Strophe und Sprichwort auch in einem Teile der Fälle, wo bloß eine Handschrift vorliegt, und da müssen wir uns denn damit be-
gnügen auf das Gebrechen hinzuweisen und oft unent-
schieden lassen, ob wir mit einem Mangel der Überlieferung oder mit Unvermögen des Verfassers zu thun haben,
der vielleicht den Sinn eines Sprichwortes verkannte, oder
auch ihn zwar verstand, aber in der gebotenen Kürze
richtig darzulegen nicht imstande war.

Die Sprichwörter, die wir hier kennen lernen, sind
größtenteils auch sonst bekannt, aus Sammlungen, aus
der Litteratur, und mit gutem Fuge heißt es jedesmal am
Ende *ce dit li vilains* ‚der gemeine Mann‘, während in der
sonst ganz ähnlichen Dichtung *li proverbe au conte de
Bretaigne* (54 Str.), herausgegeben 1833 von Crapelet,
1892 von Dr. Joh. Martin, der gleiche Zusatz sehr mit
Unrecht hinter Sprüchen steht, die der Dichter wohl mei-
stens selbst erfunden hat. In den Anmerkungen werden
die Stellen, wo unsere Sprüche mir sonst begegnet sind,
nach meinen eigenen Sammlungen angegeben. Wir können
zunächst dem Inhalte nach solche ausscheiden — und
dies sind die anziehenderen, weil wirklich poetischen —,
die einen an sich richtigen Satz nicht um seiner selbst
willen hinstellen, sondern als Analogon, als Seitenstück
zu einem Satze, der unausgesprochen bleibt, den

zu bilden die Vorkommnisse des Weltlaufs den nachdenkenden und verallgemeinernden Beobachter veranlassen können. Der Sinn des Volkes schreitet nicht immer zu unmittelbarer Formulierung der sich für andere ergebenden allgemeinen Thesen, sondern zieht es oft vor seine Wahrnehmung in der Weise auszusprechen, daß es aus dem im Leben der Tiere, in dem Verhalten der Pflanzen, aus dem im täglichen Leben, in der Berufsarbeit als regelmäßig oder gewöhnlich Beobachteten eine Thatsache hinstellt, die ihm vermöge einfacher Association der Gedanken angesichts gewisser Vorkommnisse ins Bewußtsein tritt, weil diese Thatsache im Verhältnis einer gewissen Entsprechung zu den Vorkommnissen steht. Die Redeweise und somit die Denkweise des Volkes ist in diesem Falle gegenüber der des nüchternen Denkers, wenn man will, die reichere, lebendigere. Während dieser das im Weltlauf Beobachtete oder die allgemeine Regel für menschliches Verhalten in einen das Gemeinte direkt aussprechenden Satz bringt, giebt das Volk in seinem Sprichwort statt dessen einen andern von seiner Meinung nach gleichfalls unbestreitbarer Richtigkeit, der sich zu jenem wie das Beispiel zur Regel verhält, wie der Vergleich zu dem, was veranschaulicht werden soll, wie die Anwendung zum Gesetze. Und dabei kann man doch nicht sagen, daß dem Volke ein ahnendes Erkennen des Allgemeinen abgehe, wenn es auf einen generalisierenden Ausspruch verzichtet; denn wofern es glücklichen bildlichen Ausdruck, zutreffenden Vergleich, richtige Einzelanwendung zu geben vermag, so ist das eben doch nur dadurch möglich, daß es den Gegenstand seiner Beobachtung in seinem wahren Wesen erkannt hat. Doch kann es ja freilich vorkommen, daß das Sprichwort mehr sagt, als verantwortet werden kann, wie das übrigens nichtsprichwörtliche Behauptungen oft genug auch thun *(au bon buef esmuet on le char* ‚wenn man den rechten Mann oder das rechte Mittel anwendet, so kommt man ans Ziel‘); oder es kann vorkommen, daß das Gleichnis hinkt, d. h. daß man den Vergleich nicht bis in alle Einzelheiten verfolgen darf, wenn er nicht un-

zutreffend werden soll *(noire geline pont blans uès)*. Die Sprichwörter dieser ersten Art sind die echten, diese mögen wohl auch anfänglich allein den Namen *respit* getragen haben („Rücksicht‘). Solcher Art etwa: *Au colon saoul cerises ameres. A petit porcel done dieus bone pasnaie. Chiens en cuisine son per n'i desire. Adès brait la pire ruee dou char. Ja de buisot ne ferez esprevier. Cui li asnes est, a la coue li court. D'autrui cuir larges corroies. A petite pluie chiet granz venz. Qui une foiz escorche, dous foiz ne tont. A courtes chauces longues lasnieres* (Tragriemen). Daneben haben wir in großer Zahl Sentenzen, die ohne Vergleich, unmittelbar das sagen, was der Beobachtung des Volkes sich als im Weltlauf gewöhnlich, als Lehre für das Verhalten im menschlichen Verkehr ergeben hat. Wenn wir auch von diesen Sätzen behaupten dürfen, sie seien Gemeingut des Volkes, ist es nicht um der stilistischen Form willen, obschon auch hier metaphorischer Ausdruck vielfach herrscht und große Knappheit und Kraft der Rede das Volkstümliche verrät, sondern weil die Beobachtung uns zeigt, daß der Gedanke in immer gleicher Form an vielen Orten begegnet und häufig ausdrücklich als ein alter, allgemein für wahr gehaltener bezeichnet wird, dessen Richtigkeit man darum nicht erst zu beweisen brauche. Man kann auch hier die Bezeichnung *respit* angemessen finden, insofern ein anerkannt richtiger Gedanke nicht um seiner Allgemeingültigkeit willen ausgesprochen wird, sondern mit ‚Rücksicht‘ auf einen bestimmten Fall, in dem er sich wieder einmal bestätige, wo man gut thue ihn zu beherzigen. Unser Gedicht natürlich giebt nicht dergleichen bestimmte Einzelfälle, sondern umschreibt, entwickelt das in der Sentenz Gemeinte; wohl aber gilt das Gesagte von der Verwendung des *respit* in der lebendigen Volksrede oder in der schönen Litteratur. *Privez mal achate* (ein guter Freund bezahlt teurer, weil er den Kampf nicht zu führen weiß, der zu einem vorteilhaften Kaufe führt). *Tel piè baise on qu'on voudroit qui fust coupez* (Synekdoche). *De longues terres longues noveles* (von langen Reisen lange Geschichten).

Qui pain a et santé, riches est, si nel set (wer Gesundheit und sein täglich Brot hat, weiß oft gar nicht, wie reich er ist).

Was die Form der Sprichwörter betrifft, so ist zu beachten, daß manche gerade einen oder auch zwei der im Altfranzösischen üblicheren Verse, namentlich acht-, zehn-, sechssilbige bilden. Das kann Zufall sein, aber auch von einem besondern Wohlgefallen an diesen Maßen für Redeglieder herrühren, oder etwa davon, daß Dichter Sprüche, die ursprünglich keines jener Maße hatten, um sie in ihren Werken anbringen zu können, der von ihnen gewählten Form anpaßten, worauf leicht geschehn konnte, daß sie in dieser vielleicht sekundären Gestalt sich weiter verbreiteten und in ihr auch da auftraten, wo ein bestimmtes Silbenmaß nicht erfordert war. *Qui de loing garde, de pres jot* (wer aus der Ferne aufpaßt, ist in der Nähe froh) ist ein achtsilbiger Vers, und so tritt der Spruch in Gedichten wiederholt auf; aber man findet auch . . *de pres s'esjöist*, was zehn Silben, aber keinen zehnsilbigen Vers (wenigstens keinen mit Cäsur) ergiebt. *Teus cuide boivre sour les coustes(?) d'aucun, Qui boit sa chape atout son chaperon* sind zwei zehnsilbige epische Verse und zwar, wenn man *aucon* einführt, gereimte; aber eine Handschrift hat *boivre le coutel son compaignon*, und dabei hört alles übliche Versmaß auf. Dem nämlichen Gedanken giebt eine Handschrift den Ausdruck *Teus cuide boivre autrui sourcot, qui paie souvent tout l'escot;* dann liegen zwei achtsilbige mit Reim vor. Man wird in dieser Beziehung beim Anerkennen von Möglichkeiten stehn zu bleiben gut thun. *Qui fol envoie a la mer, n'i a ne poisson ne el* können zwei siebensilbige assonierende Verse sein; eine Handschrift hat *envoie en mer, n'avra poisson ne el,* dann sind es sechssilbige. Sicher ist eine gewisse Neigung vorhanden Satzschlüsse oder Schlüsse von natürlichen Wortgruppen reimen zu lassen, sei es mit Gleichheit der Silbenzahl sei es ohne sie; mit: *Toutes oures ne sont moures* (2×3); *Feme avere trois foiz sele* (2×3, Assonanz); *Qui a mal voisin, si a mal matin* (2×5, wo *matin* sicher

des Reims wegen steht, denn *soir*, *jour*, *an*, *temps* wären gleich gut); *Contre mort nul resort* (2 ✕ 3, aber es besteht die Variante *Encontre*, womit die Versgleichheit aufhört, wofern man nicht *n'a nul* korrigiert); *Qui bien atent*, *ne souratent* oder *ne se repent* (2 ✕ 4); *Chose ou a mesure plus longuement dure* (2 ✕ 5, Var. *Mesure dure*); *Ou chiet boise*, *si sourt noise* (2 ✕ 3); *Teus chace le dain El ui et demain Qui puis le pert tout* (3 ✕ 5, Hälfte der Reimpredigtstrophe); ohne: *Ce cuide li lere*, *que tuit soient si frere* (5 + 6); *Pour noient argue*, *cui dieus n'aiue* (5 + 4); *A tart prent*, *qui en autrui bourse s'atent* (3 + 8).

Meinem kritischen Texte habe ich die Form gegeben, die nach meinem (nicht in jedem Punkte unerschütterlichen) Dafürhalten dem Sprachstande der francischen Mundart um 1200 entspricht, und für die in den Hauptsachen Reim und Versbau zeugten. Bezüglich einiger Einzelheiten, die nur die Schreibweise angehn (stummes *h*, gewisse Konsonantenverdoppelungen), habe ich mich an einige Regeln gehalten, die ich mir selbst gegeben habe; es ist damit der äußeren Erscheinung des Textes eine Gleichmäßigkeit verliehen, auf die man in altfranzösischer Zeit sonderlichen Wert nicht legte, die aber sicher auch damals niemand verletzt hätte; Schreibungen, die der Zeit der Entstehung des Gedichtes fremd wären, sind, abgesehn von Apostroph, Interpunktion, spärlichen Accenten, gemieden. Vielleicht hätte ich mich zu einem anderen Verfahren entschlossen, wenn ich für den ganzen Verlauf der Dichtung über gleichartigere Überlieferung verfügt hätte. Abweichungen der Handschriften von meinem Texte verzeichne ich unter diesem nicht, wenn sie bloß die Wortgestalt, die mundartliche Form, die Schreibung betreffen; von denen, die den Sinn, den Ausdruck oder auch die Flexion angehen, hoffe ich keine verschwiegen zu haben.

Zum Schlusse folge hier noch eine Übersicht des in den Handschriften Gegebenen, die nochmals zeigt, wie oft und in jeder beteiligten Handschrift an welcher Stelle jede der 280 Strophen überliefert ist. Dies wird aufs

neue zur Anschauung bringen, in welchem Maße die sechs Texte voneinander abweichen, und wird, wenn neue sich finden sollten, es erleichtern deren Verwandtschaft mit den bekannten festzustellen. Das Sternchen neben der Nummer zeigt an, daß die Strophe zwar mit der in der ersten Spalte entsprechenden im wesentlichen gleich lautet, dagegen mit einem andern Sprichwort schließt.

Fα	A	Fγ	Fβ	H	D
1	1	—	—	—	37
2	150	18	45	19	102
3	—	28	35	12	100
4	136	33	—	—	46
5	15	—	34	—	18
6	142	21	36*	—	19
7	3	—	58	—	40
8	4	—	72	—	32
9	5	—	—	29	—
10	6	—	50	—	—
11	7	—	33	—	35
12	8	—	—	—	30
13	10	—	28	—	72*
14	11	—	82	—	78
15	12	—	14	6	—
16	13	—	—	30	—
17	14	—	—	—	—
18	16	—	15	7	8
19	17	—	27	65	13
20	19	—	71	26	—
21	20	—	—	32*	—
22	21	—	—	—	21
23	22	—	85	17	76
24	23	—	21	—	—
25	24	—	59*	—	64
26	25	—	49	22	9
27	27	—	—	36	—
28	28	—	—	37*	—
29	29	—	—	38*	75*
30	31	—	5	2*	7
31	30	—	—	39*	74*
32	32	—	—	40	—
33	33	—	—	41	—
34	34	—	25	42*	43

Fα	A	Fγ	Fβ	H	D
35	35	—	29	10	—
36	37	—	31	11	61
37	38	—	—	—	60
38	39	—	—	43*	73
39	42*	26	23	9	—
40	43	—	56	—	—
41	44	10	24	66*	31
42	45	—	—	—	—
43	46	—	61	—	62
44	47	—	—	44	—
45	48	—	—	45	—
46	49	—	—	46	—
47	50	13	63	—	—
48	51*	—	—	—	—
49	52	—	73	—	23
50	53	—	53	8	—
51	54*	—	—	—	—
52	55	20*	11*	—	20*
53	56	—	22	—	14
54	58	9	—	—	—
55	59	—	—	47	—
56	124	—	—	—	59
57	60*	14	—	—	33
58	125*	—	—	48	—
59	126	—	—	—	—
60	—	—	54	49	51
61	127*	—	86	51	—
62	128	—	—	—	—
63	129	—	—	—	—
64	130	—	—	52	—
65	131	—	—	—	—
66	132	—	—	—	—
67	133	—	—	—	—
68	135	—	—	—	—
69	138	—	—	—	—
70	139	—	—	—	54
71	140	—	81	—	67
72	144	—	6	3	87
73	145	5	47	21	12
74	146	—	—	—	—
75	147	—	—	—	—
76	148	—	—	—	—
77	149	—	—	—	—
78	151	—	57	—	58
79	152	—	—	—	—
80	137 Spr. fehlt —	—	—	—	—

Fα	A	Fγ	Fβ	H	D
81	153	—	—	54	—
82	154	22	43	15	22
83	155	—	—	—	—
84	156	—	—	—	—
85	157*	—	—	—	—
86	158*	19*	44*	18*	15*
87	159	37 nur 1 Zeile	—	—	50*
88	160	—	—	—	—
89	161	—	—	—	—
90	162	—	—	—	—
91	163	—	20	—	—
92	164	—	—	—	—
93	61	11	84	16	29
94	62	—	—	—	—
95	63	—	—	—	—
96	64*	—	46*	—	71*
97	65	—	—	—	—
98	66	—	—	—	—
99	95	—	62	68*	45
100	96*	—	—	33*	—
101	97	—	—	—	—
102	99	2	70	25	5
103	100	—	—	—	—
104	101	—	2	—	3
105	102	6*	—	55	25*
106	103	—	—	56	—
107	104	—	80	—	—
108	105	—	—	—	—
109	106	—	—	—	—
110	107	—	—	57	—
111	108	—	—	58*	—
112	109	—	—	34	—
113	110	—	—	—	—
114	111	—	—	—	68
115	112	—	—	—	—
116	113	—	—	—	—
117	114	—	—	35	—
118	115	—	—	—	85
119	116	—	—	—	—
120	118	—	—	—	86
121	119	—	—	—	—
122	120	16	48	—	38
123	121	—	26	—	—
124	122	—	—	—	57
125	123	—	—	—	—
126	—	4	12	67	10

Fα	A	Fγ	Fβ	H	D
127	—	—	—	—	—
128	—	—	—	—	—
129	—	—	—	—	—
130	—	—	—	—	—
131	—	—	—	—	—
132	—	—	—	—	—
133	—	—	—	—	—
134	165	—	10	—	—
135	166	—	—	—	—
136	167	—	17	—	11
137	168	—	—	—	—
138	170	—	—	—	—
139	171	—	—	—	56
140	169	30	—	—	42
141	172	—	—	—	—
142	173	—	—	—	—
143	174	—	—	—	—
144	175	—	—	—	—
145	176	—	—	—	—
146	177	27	3	—	39
147	178	—	—	—	—
148	179	7*	16	—	26
149	180	—	—	—	—
150	181	—	—	—	—
151	182	—	—	—	—
152	—	—	—	—	—
153	—	—	—	—	—
154	—	—	—	—	—
155	—	—	—	—	—
156	—	—	—	—	—
157	—	—	—	—	—
158	—	—	—	—	—
159	—	—	—	—	—
160	—	—	13	—	34
161	—	32	75	—	44=114
162	—	—	—	—	—
163	—	—	—	—	—
164	—	—	—	—	—
165	—	—	—	—	70
166	—	—	—	—	—
167	—	—	—	—	—
168	—	—	—	—	—
169	—	—	—	—	—
170	—	36	52	—	—
171	—	—	—	—	—
172	—	—	—	—	—

Fα	A	Fγ	Fβ	H	D
173	67	—	—	—	—
174	—	—	74	—	27
175	68	—	—	—	—
176	69	—	—	—	—
177	70	—	—	—	—
178	71	—	18	—	79
179	72	—	—	—	—
180	73	—	—	—	—
181	74	17	83	—	17
182	75	—	—	—	—
183	76	—	—	—	—
184	77	—	—	—	—
185	78	—	—	—	—
186	79	—	7	4	4
187	80	—	—	—	—
188	81	—	—	—	—
189	82*	—	—	—	—
190	83	—	—	—	—
191	84	—	4	1	—
192	85	—	—	—	—
193	86	—	66	24	—
194	87	8	32	—	28
195	88	—	—	—	—
196	90	—	—	—	—
197	91	—	—	—	49
198	92	—	—	—	52
199	141	25	9	—	24
200	94	—	—	—	—
201	93	15	8	5	36
202	2	1	1	—	2
203	9	31	42	—	—
204	18	—	—	31	77
205	26	—	19	—	16
206	36	—	—	—	—
207	40	—	—	—	—
208	41	35	—	—	48
209	57	—	—	—	55
210	89	—	—	—	63
211	98	—	30	—	69
212	117	—	55	—	53
213	134	34	—	—	47*
214	143	—	—	—	—
215	—	3	—	—	6
216	—	12	—	—	—
217	—	23	38	—	92
218	—	24	—	—	—

	A	Fγ	Fβ	H	D
219	—	29	—	—	41
220	—	—	37＝90	13	103
221	—	—	39	—	110*
222	—	—	40	—	66
223	—	—	41	14	65
224	—	—	51	—	—
225	—	—	64	—	80＝104
226	—	—	65	23	108
227	—	—	67	70	107
228	—	—	68	—	—
229	—	—	69	—	83
230	—	—	76	27	—
231	—	—	77＝93	28	—
232	—	—	78＝94*	—	—
233	—	—	79	—	—
234	—	—	87	—	—
235	—	—	88	—	—
236	—	—	89	—	—
237	—	—	91	—	—
238	—	—	92	—	—
239	—	—	95	—	—
240	—	—	96	—	—
241	—	—	97	—	—
242	—	—	—	20	—
243	—	—	—	50	—
244	—	—	—	53	—
245	—	—	—	59	—
246	—	—	—	60	—
247	—	—	—	61	—
248	—	—	—	62	—
249	—	—	—	63	—
250	—	—	—	64	—
251	—	—	—	69	—
252	—	—	—	71	—
253	—	—	—	72	—
254	—	—	—	73	—
255	—	—	—	—	81
256	—	—	—	—	82
257	—	—	—	—	84
258	—	—	—	—	88
259	—	—	—	—	89
260	—	—	—	—	90
261	—	—	—	—	91
262	—	—	—	—	93
263	—	—	—	—	94
264	—	—	—	—	95

	A	Fγ	Fβ	H	D
265	—	—	—	—	96
266	—	—	—	—	97
267	—	—	—	—	98
268	—	—	—	—	99
269	—	—	—	—	101
270	—	—	—	—	105
271	—	—	—	—	106
272	—	—	—	—	109
273	—	—	—	—	111
274	—	—	—	—	112
275	—	—	—	—	113
276	—	—	—	—	115
277	—	—	—	—	116
278	—	—	—	—	117
279	—	—	—	—	118
280	—	—	—	—	1

Berlin, im Juli 1895.

Adolf Tobler.

c

Li proverbe au vilain

———

1. F*α* 1 A 1 D 37

Frans cuens, vostre manaie
Atent, tant que je l'aie,
Ne n'ai soing de l'autrui;
Ainz me prien et reprien
Et si dout et si crien
Que je ne vous enui.
Qui bien atent, ne souratent,
ce dit li vilains.

1 F. cuers F*α*A   2 Atenz F*α* Aten A t. ki ieo D   3 Ne
si nai s. dautrui A de autrui D   4 preim et repreim F*α* criem
et recriem A   5 si doute et si priem A   6 Qui D   7 a. ne
se repent D

2. F*α* 2 A 150 F*γ* 18 F*β* 45 H 19 D 102

Durement me merveil,
Quant son privé conseil,
Se il son cors ne het,
Nus hon dit a sa feme;
Qu'ele l'espant et seme,
Tant que chascuns le set.
Mal est coverz, cui li cus pert,
ce dit li vilains.

1 De celui mesmervail D   2 Qui AF*γ*HD   3 Si il
molt ne se het D   4 Dist nus hon A Nus hom dit F*γ* Le
raconte H Wait counter a f. D   5 Ele A Ensemaunt lespaunt
cele D   6 chascun H Qui checuns le s. D   7 Mal se cueure
Qui le cul p. H Malement se covre a qui le cul p. D   8 dist A

3. F*α* 3 F*γ* 28 F*β* 35 H 12 D 100

Riche dame engoulee,
Quant bien est saoulee,

Au mangier son seignour
S'asiet par grant dangier,
N'ele ne puet mangier
Rien qui li ait savour.
Tierce mie paste set,
ce dit li vilains.

ı Dame bien FβD   2 Q. uient bien s. Fβ Q. est bien s. H
Q. ele vient s. D   3 mengier FαFγFβH A table s. D   4 dongier
Fα Dont sasiet au disner H Demeine g. D   5 mengier Fα Fγ H
Dist quel (ki ele D) ne p. Fγ Fβ D Et dit n. H   6 R. ne li a s.
FγFβH Ken ne a savoure D   7 set. Au coulon saoul cerises
ameres Fα T. nue p. D

4. Fα 4   A 136   Fγ 33   D 46

Quant mainte dame essaie
Et tente la manaie
De son seignour souvent,
Bien veut qu'il l'entreprenge;
Se il donc ne s'en venge,
Puis fait maint fol couvent.
Li chaz set bien cui barbe il leche,
ce dit li vilains.

ı Mainte d. e. FαFγ Meint d. D   2 Se tient a la foie Fγ
E cerche D   3 De seruir son seignor Fγ   4 quil entrepreigne
FαA Sauient quil entreprenge Fγ qui il entrepreme D   5 ne se
v. A Cele sel puet sen Fγ Ieo le di pur verite D   6 Et li fet
un fol tour Fγ Pus fest m. D   7 barbes A Bien set li ch. Fγ
Asez set chat ki b. D

5. Fα 5   A 15   Fβ 34   D 18

Celui tieng je pour sot
Qui au premerain mot
Son marchié prent et fait,

Et celui qui s'amie,
Se c'est que l'escondie,
Au premerain mot lait.
Au premier coup ne chiet pas li chaisnes,
ce dit li vilains.

1 tent D 3 m. tient et A et fest D 5 Sil est kel lesc.
A Sel set quel sesc. F*β* Ja seit ki ele lescoundie D 7 ch. mie
li AF*β* Al premerain c. D

6. F*α* 6 A 142 F*γ* 21 F*β* 36 D 19

Quant dame ne respont,
Qui la prie et semont
Que drüerie otroit,
Fous est, s'il en a aise,
S'il senpres ne l'esquaise;
Et face ce qu'il doit.
Asez otrie, qui se tuist,
ce dit li vilains.

1 Q. la d. r. F*α* Q. femme ne AF*β* 2 Q. lemprie F*α*D
Cui on proie A Que len p. F*γ*F*β* 3 Qui d. otrie D 4 e. sil
ne le baise F*γ* e. si il veit sei aeisse D 5 Que s. ne la baise A
Sil en a lieu et aise F*γ* Se s. ne lesquaisse F*β* Si il vous ne
la quaisse D 6 Sen f. A Si f. F*β* ceo ki il deit D 7 o. qui
mot ne sonne A o. q. mot ne dist F*γ* Trestot son don bestorne
Tant le torne et retorne Maine et remaine F*β*

7. F*α* 7 A 3 F*β* 58 D 40

Quant li riches pramet
Au povre et il le met
De rien en esperance,
Bien cuide cil savoir
Que il le doie avoir

Au terme, sanz doutance.
Plus apareilliee chose remaint,
  ce dit li vilains.

1 promet FαAD   2 li met D   3 riens Fβ 4 Et cil cuide por uoir A Et cil c. s. FβD   5 il li die voir Fα Qui il deie aueir D   7 apareillie FαAFβD remant D

8. Fα 8   A 4   Fβ 72   D 32

O bien grant tenement
Ai vëu folement
Maint ome contenir,
Et tel qui pou avoit,
Qui tresbien en savoit
A grant enor venir.
A petit porcel done dieus bone pasnaie,
  ce dit li vilains.

1 A A De Fβ 2 A on veu souuent A   3 soustenir Fα 4 Et tiex q. p. sauoit Fα 6 honor FαAD   7 A petite poree d. d. b. pesnaie Fα b. racine AFβ bon padnaie D

9. Fα 9   A 5   H 29

Pour son grant parenté
S'est mis en orfanté
Mainz orgoillous estouz;
De ceus qui par outrage
Perdent lour eritage,
Veons nous souvent mouz.
Mesure dure,
  ce dit li vilains.

3 Maint Fα Meins orgeus e. H   4 De tiex H   6 s. mlt Fα Mlt souuent v. n. A Auon ueu plusors H   7 M. mlt d. Fα Chose ou a mesure plus longuement d. H

10. Fα 10   A 6   Fβ 50

Qui a grant seignourie,
Provosté o baillie,
N'a soing de conpaignon;
Face tort o droiture,
De conpaignon n'a cure,
Ne plus que d'un gaignon.
Chiens en cuisine son per n'i desire,
ce dit li vilains.

1 Provoste (Prevostez Fβ) et baillie FαFβ   2 Par enuie
baillie Fα Et annee faillie Fβ   3 Grieue son c. FαFβ   6 Nient
pl. A   7 per ne AFβ

11. Fα 11   A 7   Fβ 33   D 35

Ne voi ne fol ne sage
Qui couvoit son damage,
Ainz veut chascon son bien.
Li juenes et li vieuz,
Nés mes sire aime mieuz
A son uès que au mien.
Qui fait son prou, ne cuit sa main,
ce dit li vilains.

1 uoi fol Fβ   3 v. chascuns A v. checun D   4 Ni voi
josne ne viex Fα Il nest joenes ne viex A iofnes ne li D   5 Mes
mon frere Fα Ke asses naime A N. me sire Fβ Nes nus freres
nul m. D   6 Al soun oes D   7 cuist son doi A ne congie sa
Fβ prou evist D

12. Fα 12   A 8   D 30

Nus ne puet deservir
Gré en felon servir,
Souvent l'avons vëu.

Servirs trop pou i vaut;
Qui une foiz li faut,
Si a trestout perdu.
Au vespre loe on le jour, au matin son oste,
ce dit li vilains.

3 S. avons A   4 Que seruir pou A Seruise poi v. D
5 Car sune F*α* Si u. f. i f. D   6 perdue F*α* a le tout A Si lad
lem tout D   7 le biau ior et au A Al seir lo lum l. j. et al D

13. F*α* 13   A 10   F*β* 28   D 72
Fous est, qui tant atent
Que on a escïent
Le sourprent en trãine;
Ainz que cil le deçoive,
Face qu'il aparçoive
Qu'il sache son couvine.
Buer escrie le lou, qui sa proie rescout,
ce dit li vilains.

1 e. sachiez de voir F*α*   2 Qui ce lait deceuoir F*α* Que
len a F*β* Ke le suen D   3 Quant uoit la uerte fine F*α* s. et tr.
F*β* Le suen prent et tr. D   4 Mains ains con le F*α*   5 Face
qui le decoiue F*α* quil se aparceuie D   6 Qui bien set le c. F*α*
Et sache F*β* Ke ben set sa D   7 Ber F*α* qui reskeut s. pr. A
Bar chace l. l. q. s. pr. en r. F*β* Et par pluie et par bel deit lem
porter sa chape D

14. F*α* 14   A 11   F*β* 32   D 78
A paines trueve l'on
Trãitour ne felon
Qui tiegne nule loi.
De fil a felon pere
Ne faire ton conpere;

Ja ne te tendra foi.
De put uef put oisel,
ce dit li vilains.

1 trueue on A paine Fβ D   3 Qui soit de bone foi Fβ n.
fai D   6 tendroit A *die Zeile unlesbar* Fβ ne t. fai D   7 Di
put lin p. D

15. Fα 15   A 12   Fβ 14   H 6

Quant muert princes ne rois
Ne cuens, tant soit courtois,
Adonc comence guerre;
Ja puis ne la garrons
N'a ribauz n'a larrons
Qui destruisent la terre.
Ou chiet boise, si sourt noise,
ce dit li vilains.

1 m. ou rois ou quens A H m. ne rois ne quens Fβ   2 Ou
princes qui soit buens A Ne priuez tant s. boens Fβ Ou prince
tant s. bons H   3 Adont Fα Demanois monte g. A Fβ Des
maues monte g. H   4 Puis ni aura raison A garron Fβ Ia puis
ne fineront H   5 Pautonnier et larron AFβ Pautonnier tuit
iuont H   6 Sesmueuent par l. t. A Esmueuent par l. Fβ Et
honisent la H   7 si fait n. Fα b. la muet A La ou ch. H

16. Fα 16   A 13   H 30

Cil qui l'autrui a pris
Et touz tens a apris
A vivre d'autrui pain,
Puis manjue a grant paine
Le suen, ensour semaine
Se lait morir de fain.
A enviz muert, qui apris ne l'a,
ce dit li vilains.

2 tot tens H   4 Mout mengue Fα Puis mengue A Puis
meniue H   5 sien Fα Dou sien longue s. A Du sien une s. H
7 Enuis A A peine m. H

17. Fα 17   A 14

Mout ai de bons amis
Qui souvent m'ont pramis
. Ce que cuidoie prendre.
Grant chose ne me vuelent
Doner, faire nel suelent;
Et je rehaz atendre.
Qui petit me done, il veut que je vive,
ce dit li vilains.

2 promis Fα A   3 Faillance faz au pr. A   4 ne vuelent A
5 Ne il ne le s. A   6 Je rehe mlt a. A   7 donne cil veut A

18. Fα 18   A 16   Fβ 15   H 7   D 8

S'aucuns hon a plenté
Et a sa volenté
Dras et or et argent,
Quel gré l'en doi savoir,
S'il a son grant avoir
Et je n'en ai nïent?
D'autrui prou s'esjot, qui le con sa feme voit,
ce dit li vilains.

1 Se chascuns a A Se aucuns a Fβ Qui aukes ad p. D
2 E ad s. D   3 Et de d. et darg. AD   4 li doi A Que men
doit il chaloir H g. ien dei D   5 Cil Fα Se il a s. a. A Si il
ad soun g. a. D   6 E io ie nen ad nent D   7 sesjoit FαA con
radiert in A Dautrui belet sesgot Fβ Dautri belet sesioist H sa dame
v. FβH Ne autrus peie ses ioit ki le coun sa dame manera D

19. Fα 19 A 17 Fβ 27 H 65 D 13

Chascuns ami se fait
Et dit tout entresait:
Dou tout en vous me met;
Se mestier aviiez,
Donc aparcevriiez
Ce que je vous pramet.
Plus sont de conperes que d'amis,
ce dit li vilains.

1 (.)aucuns se fet cosins H amis FαAFβD   2 d. beaus
douz amis H d. ben en treshait D   3 t. a v. Fα De t. en v. D
4 m. en auiez Fα ·   besoing en aures A besoig a. FβHD
5 Dont aperceueriez Fα Adont aperceures A D. esproueriez H D.
aparceuerez D   6 Ceo ki jeo D   7 P. est d. A que ne sont
d. FβH P. sount c. ke a. D

20. Fα 20 A 19 Fβ 71 H 26

Touz jourz voi l'userier
De prendre coustumier,
Ja lassez n'en sera.
Ait cinc cenz mars o mil,
Tant se tient il plus vil,
Se ses voisins plus a.
Plus a li deables, plus couvoite,
ce dit li vilains.

1 Couz Fα Couuoiteus vseriers AFβ Ie uoi touz usuriers H
2 Prent tous dis volentiers A De p. uolantiers Fβ costumiers H
3 Ainc riens ne refusa A Ainz ne refusa riens Fβ Onques nen fout
refus H   4 Eit cent mars ou trois mil H   6 Au uoisins plus
et plus H   7 Com plus A Tant plus a l. d. et pl. velt Fβ le
deable et il plus coueite H

21. Fα 21 A 20 H 32

De ce sai bien la some:
Fortune alieve un ome
Sour touz ceus dou päis;
A un soul coup l'abaisse,
Touz ses parenz si plaisse
Que chascuns est chaitis.
Cil qui haut monte, de haut chiet,
ce dit li vilains.

2 F. lieue lomme A eslieue un H   3 c. dun p. H   4 Puis
labat a un fes AH   5 p. apres AH   6 Fait poure (poures H)
et chaitis AH   7 Qui plus h. m. de plus h. ch. A Qui plus haut
bee quil ne doit sa coueitise le decoit H   ·

22. Fα 22 A 21 D 21

Povretez va et vient;
Mais cil qui honte crient,
La suefre o bon corage,
Ne ja pour sa poverte,
Se dieus li a soferte,
Ne recevra hontage.
Plus dure honte que soufraite,
ce dit li vilains.

1 Pourete Fα   3 Sesforce od D   6 r. damage Fα Ne
souferra h. A Ne avera trop grant h. D   7 ke soffreit D

23. Fα 23 A 22 Fβ 85 H 17 D 76

Cil qui se sent coupable,
Espoire bien sanz fable
De chascun de la gent,
Si tost come il le voit,

Que cil uns auteus soit
Con soi mëisme sent.
Ce cuide li lere que tuit soient si frere,
ce dit li vilains.

1 corpable F*αβ*   2 Nespoire A   3 Que chascuns F*α* De
toute (Que t. F*β* A t. H) lautre g. AF*β*H De touz autre g. D
4 De tous ceaus quil voit croit A Dont il le sanblant v. F*β* Dont
il essample v. H Dount il les semblaunz v. D   5 Kautretex chascuns s. A Que il autretel s. F*β*H Qui checuns autel ´s. D
6 C. cil meismes F*α* Con meimes se s. H Cum il meimes s. D
7 lerres F*α* cuident li leres que tout A li lierres F*β* leres D

24. F*α* 24   A 23   F*β* 21

Puis que ne veut tenir
S'enour ne maintenir,
Gentis hon qui n'a rien
Ja celui n'amera
Qui li conseillera
Ne s'enour ne son bien.
Fous est, qui conseil ne croit,
ce dit li vilains.

1 Cil qui ne A Puis con ne F*β*   2 Seignor et bien seruir F*β*
7 Nest hon q. A Nest dome q. F*β*

25. F*α* 25   A 24   F*β* 59   D 64

Nus de son bon seignour
Qui l'aime par amour
Ne doit prendre ne traire
Quanque il li donroit
Ne quanqu'il li porroit
Esmangier ne fortraire.
N'est amis, qui rien ne lait,
ce dit li vilains.

12

1 Cil ki ad D   2 De cui il a lamour A Sil laime F*β* Qui
il D   3 ne atreire D   4 Quantke il doreit D   5 quanque
li F*β* q. il p. D   6 Ne embler ne forstr. A Esmaner F*β* De
soun aver forstr. D   7 Qui petit refuse, grant masse (m. ne A)
doit penre F*α*A

26. F*α* 26   A 25   F*β* 49   H 22   D 9
Princes qui doit valoir,
Qui met en nonchaloir
Et son ome et son oste,
Si voisin le träissent,
Maintenant l'envãissent
Et de riere et d'encoste.
A mol pastour lous chie laine,
ce dit li vilains.

1 Prince AHD   2 Si m. H m. a n. D   4 Se v. le haissent
F*α* Si home A lenuaissent F*β*H lenhaissent D   5 Tantost et e.
A Demanois le laidissent F*β* M. lenhaisent H De memes D   6 de
coste F*α* Et deuant et enc. AF*β* Et derr. et enc. H   7 leus li
ch. A A mal p. chie lox l. F*β* p. chie li leu l. H A mols poste
lus ehie lein D

27. F*α* 27   A 27   H 36
Li fous de sa besoigne
Ne cure ne ne soigne,
Ainz met en nonchaloir.
Ja garde n'i prendra,
Tant que li poinz vendra
Que riens ne puet valoir.
Qui a oure veut mangier, ainz oure doit apareillier,
ce dit li vilains.

1 Fols hom AH   2 Ne prent c. ne s. AH   4 nen pr. H
5 Duske leure A Iuques leure H   6 Qui H   7 mengier a h. F*α*
Qui a droite eure v. m. einz c. H

28. Fα 28   A 28   H 37

Sour toute creature
Doit on amer mesure;
Li sages hon touz jours
Trestout le petit pas
Rist bien dou mauvais pas
Ou li fous chiet le cours.
Sages hon ne chiet ou pont,
ce dit li vilains.

1 Por t. Fα   2 hon estre a m. H   3 Li saige home touz iors Fα Sage home ne meschiet A Enuers toz ses detours H 4 Tr. le maues p. H   5 Rit bien d. Fα Soste fors dou mal p. A Soste le petit p. H   6 f. souuent chiet A Ou lautre quiert le H   7 ch. en p. A Qui est garniz nest desconfiz H

29. Fα 29   A 29   H 38   D 75

Li hon suefre sa honte,
Lonc tens n'en tient nul conte,
Puis venge ses talanz.
Mainte bontez est faite
Que on a puis retraite
Des iluec a set anz.
Viez plaie cuit, et viez dete äide,
ce dit li vilains.

1 (.)uns H Mainz houm D   2 Nul t. ne t. Fα L. t. que nen t. c. A L. t. nen fet n. H Semblaunt ne fest ne c. D 4 M. honte e. Fα bonte refraite A M. honte a hon f. H bounte e. refaite D   5 Qui a este r. H Qui pus li est r. D   6 a mil a. Fα Diluec duska set A Diluecques a sept H De le cheffs a set a. D   7 V. p. nuist et v. cete laissie A De uiez pechie nouele uergoigne H Petite parole fest graunt tensouns D

30. F*α* 30 A 31 F*β* 5 H 2 D 7

 Cil qui trestout le suen ·
 A faire tout mon buen
 Me met en abandon,
 Quant trestout m'abandone,
 Tout me tout, tout me done,
 N'ai cure de tel don.
 Qui tout me done, tout me viee,
  ce dit li vilains.

1 Q. tr. D son AF*β*H 2 f. com del mien F*α* Me met a
abandon F*β* Met en son abandon H 3 Affaire tot mon bon F*β*
Mettez a b. D A fere son plesir H 4 Qui AF*β*D Ne fet pas
que senez H 5 Nai cure de tel donne F*α* Grant auoir mal
menez H 6 Ne que chiens de landon F*α* Est mlt tost departiz H
7 d. t. me tolt F*β* doune t. me nie D t. me vee F*α*A De povre
conseil maues iugement H

31. F*α* 31 A 30 H 39 D 74

 Genz sourparlee et fole
 Bien petite parole
 Par orgueil hauce et monte;
 Ne cesse ne repose,
 Ainz maine tant la chose
 Qu'ele tourne a grant honte.
 Petite parole esmuet grant brait,
  ce dit li vilains.

1 (.)ent sonparliere H Gent sorpalere e D 2 Porte meinte
p. H 3 Dont il croist mlt grant honte H o. haute D 4 Quant
sesmuet ne A Tant ua de rue en rue H Quant ses moz ne D
5 Si con chascun lestrue H Ainz tourne a t. D 6 Que a grant
dolour monte H Ke ele vent ad D 7 Petite nue a grant brai
A De peu de parrolle vient grant noise H Qui aventure avent ne
vent soule D

32. Fα 32   A 32   H 40

D'ome de juene aé
Pris pou la sainteé.
Souvent avons věu
Qu'il a ou cors la rage,
Quant il est de l'aage
Qu'il a le poil chanu.
Qui juenes saintist, vieuz enrage,
ce dit li vilains.

1 josne Fα De ioene home arree A (.)ame de iane a. H
2 P. por Fα Prise mlt s. H   3 Chauon ueu souent H   4 Quil-
lont Fα Quant el uient en aage H   5 Q. il iert Fα il est en l.
A Si a el cors la rage H   6 Quil ont le Fα Et a le poil ch.
H   7 josnes Fα De ioene saintel viel dyable A De iane papelart vieil deable H

33. Fα 33   A 33   H 41

Souvent, si con moi senble,
Ai mout věu ensenble
Proudomes et mauvais;
Mais cil qui mains valoit,
C'iert cil qui plus jengloit;
Pour rien ne fust en pais.
Adès brait la pire ruee dou char,
ce dit li vilains.

4 q. mais v. Fα Et cil A   5 Siert c. q. pl. iougloit Fα Et
dont mains lor chaloit A Adont meins leur estoit H   6 Cil
(Si H) gengloit tout ades A H   7 La p. r. d. ch. se fait tous
iors oyr A La p. r. d. ch. bret tos jorz H

34. Fα 34   A 34   Fβ 25   H 42   D 43

J'ai dous mestiers apris:
As letres fui ja mis,

Or nel tieng ne ne lais.
De ce sui je bien fers,
Ne sui ne lais ne clers,
Si sui et clers et lais.
Qui dous choses chace, et nule n'en prent,
ce dit li vilains.

1 D. m. ai a. AFβ (.)ol mestier ai H Deus mester ai enpris D
2 A l. fui apris Fα A lettre me sui m. A A lestre Fβ ∧ l. H A
le terz fui apris D   3 Or ne le t. ne l. A nel °tieg ne nel l. Fβ
Mes ie mi ting petit H Ne sui ne clers ne lais D   4 ie tous f.
A Ce me torne a domage H De I ceo sui ieo ben sers D   5 Sanz
user nest nus sage H   6 Et sui Fβ Trop me ting au delit H sui
clers D   7 Q. II chace nule ne p. A Cil qui d. c. chace nule
Fβ Qui deus chace et nule ne p. D Tel chace le dein Et hui et
demein Qui puis le pert tot H

35. Fα 35   A 35   Fβ 29   H 10

Fortune ne sejourne,
Puis que a mal s'atourne;
Dou sage ome fait fol.
Ui li brise la main
Et le braz l'endemain
Et au tierz jour le col.
Cui avient une, n'avient soule,
ce dit li vilains.

2 Quant ele A Puis quele Fβ se torne AFβ 3 De AH
5 Et le pie H   7 Cui vient u. ne vient s. A Quant a. H

36. Fα 36   A 37   Fβ 31   H 11   D 61

Se je un mauvais ost
D'un concile o d'une ost,
Ne sai les queus i lais;
Se mauvais est li sire,

Chascuns hon en est pire;
Uns hon fait cent mauvais.
Cui li chiés deut, tuit li menbre li falent,
ce dit li vilains.

1 les m. o. AFβHD 2 De commune ou A Dune uile ou dun FβH Dun cunsail et dun D 3 illais Fα sais l. q. ie l. A ge lais Fβ gi les H 4 sires FαAFβ reis D 5 homs e. e. pires Fα Li mieudres est li (en est Fβ) pires (pire H) AFβH Checun e. e. pireis D 6 Uns en f. A 7 Qui le chief Fβ li duelent Fβ Qui le chief a enferm Tuit li m. li deut H A ki li D

37. Fα 37   A 38   D 60

J'ai maint ome vëu
Qui tant ot acrëu
Qu'après en ert frarins;
Ce cuidoit a chief traire
Que ne pëussent faire
Quatre de ses voisins.
Mout remaint de ce que fous pense,
ce dit li vilains.

1 Ieo ai D 2 t. ont a. Fα t. aveit a. D 3 en sont f. Fα Que puis en A Ki a. D 4 Cex c. Fα 5 Ou eussent afaire A Dount eussent a f. D 7 ceo ke li fol p. D

38. Fα 38   A 39   H 43   D 73

Pour sa chose demaine
A mainz proudon grant paine,
N'a chief venir n'en puet;
Si voi, mon escïent,
C'uns autres pour nïent
Ra quanqu'il li estuet.
Cui dieus veut aidier, nus ne li puet nuire,
ce dit li vilains.

1 sa bouche d. H 2 Trauaille uns hons (home HD) et p. AHD 3 A chief nen puet venir A E al chef v. ne p. D 4 Bien sai a e. A Si reuoi mlt souent H Ben vei a asc. D 5 Cun home p. H Ke vers autre p. D 6 Ra chose a son plaisir A Ra quant que li H Ad quant ke li D 7 Por nient argue cui deu naieue H aider ne li puet nuls houme nuire D

39. Fα 39 A 42 Fγ 26 Fβ 23 H 9

Cil qui a moi ne monte,
Qui destourbe ma honte
Et m'enour me pourchace,
Nel doit faire en pardon;
Ainz l'en doi guerredon
Et rendre grez et grace.
Bontez autre requiert et colee sa per,
ce dit li vilains.

1 qui ne me sormonte H 2 Et Fγ Et destorne AFβ Einz destorne H 4 Nel doi f. Fα Ne d. H 5 lendoit Fβ 6 Rendre et gr. Fα Et r. et gre A gre FγH 7 Nest tost mas qui aieune A Nest tot mal qui aide FβH

40. Fα 40 A 43 Fβ 56

Li ueil ont le corage
Si con creant message
Loiaument afïé.
Se je depart dou conte,
De moi ne fera conte,
Tost m'avra oblïé.
Ce que euz ne voit, cuers ne deut,
ce dit li vilains.

2 con leal m. Fβ 3 affiee Fα L.et afie A 4 d. de c. Fα je me part AFβ 5 ne sera c. Fα ne tenra c. A Ja mais nen tenra c. Fβ 6 oubliee Fα 7 Que iex A Qui oeil n. v. cuer Fβ

41. F*α* 41　A 44　F*γ* 10　F*β* 24　H 66　D 31

Nature l'ome prueve
Autel come en le trueve;
Ne ja pour nourreture
Li cuers fel et vilains
Ne au plus ne au mains
Ne lairoit sa nature.
Ja de buisot ne ferez esprevier,
ce dit li vilains.

1 trueue F*α* le me pr. H le houme pr. D　2 comme le prueue F*α* Sifait com il A Jtel con len F*γ* Jtel con el le F*β* Jtel con ie le tr. H Jtel cum il le tr. D　3 Que ja H　4 Honme F*γ* Le cuer H　5 plus que au T*α* a plus ne a m. A　6 laira AF*β* lera F*γ* perdra H Nen perdra D　7 busart ne fera on A buisart ne fera len F*γ*F*β* esperuier F*β* Ja de lome mauues Ne fera on prodome H Ja de busard ne frez bon pernañt esperuer D

42. F*α* 42　A 45

N'est cruautez greignour
Que de felon seignour
Pour grever povre gent;
Quant un ome raaint,
Ses voisins mout le plaint,
Car el de soi n'atent.
Petit est sëurs de sa maison, qui la son voisin voit ardoir,
ce dit li vilains.

2 de mauuais s. A　4 Tant F*α* Q. li vns daus se plaint A
5 Que son voisin raaint A　6 Dou sien el nen a. A　7 Pou est A

43. F*α* 43　A 46　F*β* 61　D 62

Li vilains, se manjue
Le blé de sa charruc,

2*

N'en queut sens ne savoir;
Mais quant il est bien ivres,
Donc cuide estre delivres
Et cuide asez savoir.

*Plus a de paroles en un mui de vin qu'il n'a en
cent charretees de froment,*
ce dit li vilains.

ɩ v. si mengue FαD Se li v. m. A v. quant m. Fβ   3 Ja
plus naura s. Fα Ne quiert Fβ Ne cuilt sen D   5 Lors c. AFβ
Lores D e. deluiures Fβ   6 assez avoir FαD Et c. tout s. A
Lor c. Fβ Lores D   7 a p. (parole Fβ) en un sestier de v. que
en un mui daigue (de forment D) AFβD

44. Fα 44   A 47   H 44

Cil qui se desgarnist
Dou suen, on l'escharnist,
Quant il n'a mais que prendre;
Tost va avoirs et vient.
Mais hon qui honte crient,
Ne s'i lait pas souzprendre.

Et par pluie et par bel tens doit on porter sa chape,
ce dit li vilains.

4 *und* 5 *umgestellt* Fα auoir H   5 Cil qui pourete cr. A
Mes cil qui h. H   6 souprendre Fα Ne se l. AH sorpr. AH
7 Et par bel et par lait d. A Et par beau tens et par le tens d. H

45. Fα 45   A 48   H 45

Qui a mil mars d'argent,
Cil qui l'en tout les cent,
Le fait forment confus;
Se tu au povre touz,
Qui n'a que quatre souz,

Les dous, tu li tous plus.

Qui petit a et petit pert, de grant se deut,
cc dit li vilains.

1 Ki .m. mars a d. A 2 Et on len H 2 f. granment
c. A Forment se fet conclus H 5 Q. naura que .V. s. A Qui
naura que vingt s. H 6 Les .v. H. 7 Qui petit a petit pert ce d. Fα

46. Fα 46 A 49 H 46

Cil qui chantent et lisent,
Par maintes foiz eslisent
O abbé o priour.
Tel come il l'ont, le prenent,
Mais mout souvent asenent
A trestout le piour.

Pour soufraite de proudome asiet on fol en chaiere,
ce dit li vilains.

2 P. meinte f. H 3 prieus Fα 4 Tel lont com il le Fα
prendent A Tel c. i. chiet H 5 Et bien souuent entendent A
Et bien s. H 7 Par FαH on le fol A a. on bric en banc H

47. Fα 47 A 50 Fγ 13 Fβ 63

Ja nus n'avra tel soigne
De faire la besoigne
Con cil cui ele tient;
Cil la quiert, cil la trace
Et demaine et pourchace,
Tant que biens l'en avient.

Cui est li asnes, a la coue li court,
cc dit li vilains.

1 Ja cil naura t. soig Fβ 2 f. sa b. Fα f. autrui b. Fγ
f. autrui besoig Fβ 3 cil qui a le soing Fα cil qui a besoing
A c. a cui el t. Fγ cil qui a tesoing Fβ 4 C. le q. c. le tr. A

5 Et demande A Et maine et Fβ   6 Comme por son besoing
FαAFβ   7 Cui li a. e. sel tiengne par l. k.   A Cui lasnesse est
e li court a la coue Fγ si li cort ala q. Fβ

48. Fα 48   A 51

Ja ne tendrai a dete
Nului qui me pramete,
De teus ai mout vëuz;
Mais itant sai je bien:
Quant aucuns me dit ‚tien',
Ne sui pas decëuz.
Mieuz ain un ‚tien' que dous ‚tu l'avras',
ce dit li vilains.

1 Ja nus niert de bon estre A   2 promete Fα Qui tous
tans veut prometre A   3 De ceaus A   5 aucun me d. rien Fα
me doit rien A   7 Bons est li diex qui en present aye A

49. Fα 49   A 52   Fβ 73   D 23

Quant hon par nonsavoir
A perdu son avoir,
Lors dit, quant est lassez:
Dieus, garder nel savoie;
Mais s'ore le ravoie,
Touz tens avroie asez.
A tart ferme on l'estable, quant li chevaus est perduz,
ce dit li vilains.

' 1 Q. nus p. Fα Q. fols p. D p. mal s. A   3 Lor Fβ E
il est ben matez D   4 savei D   5 se ie le Fα si ore le
avei D   7 Quant li ch. e. p. si ferme len lest. Fβ Quant le
cheval est emble dounke ferme fols lest. D

50. F*a* 50 A 53 F*β* 53 H 8

Coquin truant paillart
Font souvent le gaillart,
De bon mangier sont aigre.
Mieuz aiment estre nu
Et povre et bien pëu
Que bien vestu et maigre.

Qui au matin prent la colee, toute jour la conporte,
ce dit li vilains.

1 Cil cokin cil bregier AH Cil coquin talurgier F*β*   2 Cil
truant tauernier A Cil truant pautonier F*β* Cil garcon pautonier H
3 De maint m. AH Sont de m. mlt ai. F*β*   4 nus F*a* M. vuelent
poure et nu A M. uient poures et nuz F*β* Miex saiment cras et
nu H   5 peus F*a* Estre et por vill tenu A Estre et b. pëuz
F*β* Et estre mal uestu H   6 uestuz F*β* Que mal peu et m. H
7 ior la porte A Qui matin recoit lacolee tot le ior la porte H

51. F*a* 51 A 54

Et ici et a Rome
Prent chascuns de son ome
A petite ochoison;
Puis que il l'ochoisone,
De petit l'araisone,
De son tort fait raison.

Mauvais partir fait a son seignour,
ce dit li vilains.

1 De ci iusques a A   2 chascun F*a* ch. le sien h. A
3 oquoyson F*a* petit doch. A   4 il la qoisonne F*a*   7 M.
partit F*a* Tantes viles tantes guises A

52. F*a* 52 A 55 F*γ* 20 F*β* 11 D 20

Povres touz tens laboure,
Pense et travaille et ploure,

Onques de cuer ne rit;
Li riches rit et chante,
De grant chose se vante,
De prou li est petit.
Touz se fait lié, qui auques a,
ce dit li vilains.

1 Poure F*β* 2 P. tr. F*α*F*γ*D Plaint et tr. F*β* Pensez trauaillez et ploure D 3 Nonques A 5 soi v. A De granz choses F*β* 6 De par li F*α* De poi AF*γ*D 7 liez F*α* T. est l. A Ne set li saouls comme (que F*β*) est au fameilleus F*γ*F*β* Ne set li saulfs cum esteit al jun D

53. F*α* 53 A 56 F*β* 22 D 14

D'aquester orent erres,
Qui de fieus et de terres
Firent departement.
Cil se fist roi, cil conte;
Onques ne tindrent conte
De toute l'autre gent.
Qui avant prent, ne s'en repent,
ce dit li vilains.

1 De ajuester vienent D 2 Que F*β* de feins et des t. D 3 Eurent d. F*α* Fount departir la gent D 4 Cis se f. rois cis c. A rois F*β* Mes cil roi noun c. c. D 5 n. firent c. F*α* Donques F*β* Ne tienent houkes counte D 6 De lour departement D 7 Q. premiers (primes F*β*D) pr. AF*β*D ne se AD ·

54. F*α* 54 A 58 F*γ* 9

De court me vois issant;
Se m'en is en croissant,
Je revieng en decours.
Fous sui, quant m'en depart;
Ja n'irai cele part

Que truisse tel secours.

Fous est, qui court a meillour pain que de froment,
ce dit li vilains.

1 c. men u. disant F*α* c. men v. A   2 Si F*α* Se ien vois
A Se ien is F*γ* 4 q. me d. F*α* qui men A 6 tr. nul s. F*α* Ou
tr. A   7 e. qui meilleur p. quiert que A Fols .qui quiert m. F*γ*

55. F*α* 55 A 59 H 47

Cil qui celer ne set
Son covine, on le het
Et refuse s'escole;
Mais cil qui bien se çoile,
Escorche et plume et poile;
Ja n'en sera parole.
Li bon celeour vainquent,
ce dit li vilains.

1 Fols qui A (.)ui c. bien ne H   3 Et refuse. en esc. H
4 Et cil H 5 Icil esc. et poile H 7 bons celeeurs F*α* Li
bon soufreor vaint partout H

56. F*α* 56 A 124 D 59

N'ai cure de poverte;
Ne ferai si grant perte
Dont li cuens ne me gart.
S'il de moi n'est lassez,
Touz tens avrai asez,
Se il le suen me part.
A sëur boit, qui son lit voit,
ce dit li vilains.

1 Nai garde AD 2 Ja ne ferai cele p. D 3 li cuers
F*α*D 4 Se de A Si de mai est D 6 Ja al soun ni p. D

57. Fα 57 A 60 Fγ 14 D 33

Maint fol ome ai vëu
De maint bien conëu
Et qui bien ert amez,
Si rai vëu maint sage
Qui en tout son aage
N'ot onques pain asez.
Tel le veez, tel le menez,
ce dit li vilains.

1 Jai maint h. v. Fγ M. simple h. D   2 Qui bien coneus
fu A Qui ben ert c. D   3 Et prisies et ames AD Ou qui ert
bien a. Fγ   4 Si ai FγD   5 age D   6 Ne out D   7 Wide
chambre fait fole dame FαFγD

58. Fα 58 A 125 H 48

Mainz hon est d'autrui chose
Larges et doner l'ose,
Ne li chaut ou l'espande;
Le suen garde et estraint,
Si se demente et plaint,
Quant nus rien li demande.
Dou pain a mon conpere grant piece a mon filluel,
ce dit li vilains.

1 dautre ch. Fα (.)eint home est dautri H   2 L. ou d. Fα
3 ou despendre Fα   4 Li FαH   5 se gaimente et A Et se H
6 Q. on riens A riens H   7 Dautrui cuir larges (large H)
courroie FαH

59. Fα 59 A 126

Mainte chose ai donee,
Mise et abandonee,
Dont je me repentoie;
Se ne l'ëusse mise,

Ja ne m'en repentisse
Et j'en ëusse joie.
Mainz hon jete a ses piez ce qu'il tient a ses mains,
ce dit li vilains.

2 Autrui et presentee F*α*   4 Se leusse promisse A   5 Et
ie men F*α* Et ne leusse mise A   6 Ja nen eusse ia i. F*α* Que
encore fust moie A   7 Fols est ki ce quil tient gete a ses pies A

60. F*α* 60   F*β* 54   H 49   D 51

Fous est qui a tel soigne
De faire autrui besoigne
Que il en pert la soue;
Il fait son grant meschief,
Le suen lait, si fait chief
D'autrui prou, dou suen coue.
Mal oure pour autrui, qui soi oblie,
ce dit li vilains.

1 q. autrui soing F*β*   2 autri besoing F*β*   3 p. son preu
F*α* Quer F*β* il pert D   5 Son preu l. F*α* Li sient l. F*β* Qui
lautri tret a ch. H   6 sien pev F*α* Dautrui auoir senboe F*β*
Le sien giete en la boe H prou de suen D   7 De male heure
naist F*α* Por nient prie qui soublie H Mal oure ki se o. D

61. F*α* 61   A 127   F*β* 86   H 51

Quant je sui a la court
Dont touz li biens me sourt,
Si sui come en liiens;
Tart m'est que hors en soie
Et par päis revoie
Mes amis anciiens.
Li chiens se lieve de son soue dormir
Et va au bourc colee recoillir,
ce dit li vilains.

1 sui en la F*β*   2 tot le bien macourt H   3 Dont sui F*β*
4 que ge hors s. F*β*   5 Et que p. p. uoie F*β* par pes mc r. H
6 Ariere entre les miens H   7 de soef A Tant grate chieure
que mau gist F*α*H   8 Si va A va el b. F*β*

62. F*α* 62   A 128

Qui ne puet maintenir
Grant gent ne court tenir,
N'est pas pour fol tenuz;
S'il se puet estrangier
Adès d'autrui dangier,
Est il mout bien venuz.
Ne faut pas dou tout, qui a cheval monte,
       ce dit li vilains.

2 ne retenir A   3 por fox t. F*α* por sot t. A   4 Soster
sans reprouuier A   5 Se puet dautrui A   6 Ainsi est bien A
7 faut dou A q. el cheual fiert A

63. F*α* 63   A 129

Quant aucuns hon par mal
Afole autrui cheval,
De fi puet on savoir,
Grains en est et pesanz,
Si li prise on dous tanz
Qu'il n'en pëust avoir.
Chose perdue cent souz vaut,
       ce dit li vilains.

2 A. son ch. A   3 fi poes s. A   4 et pensans F*α* et
dolans A   5 Se F*α* Si len poise .VII. t. A   6 ne peust
valoir A   7 perdue .c. f. vaut A

64. Fa 64   A 130   H 52

Mainz hon par hardement
Si grant folie enprent
Dont il muert sanz confesse;
Uns autres si s'aroute,
Ja la ou avra doute
Ne fera point de presse.
Mieuz vaut bone fuie que mauvaise atente,
ce dit li vilains.

1 M. fols p. AH   2 Tel f. entreprent A   3 Quil en
m. H   4 si a Route Fa U. a. sen redoute H   5 Ja lau il
a grant d. Fa   6 f. trop grant pr. AH   7 b. fuite H

65. Fa 65   A 131

Ja dui fol orgoillous,
Estout et desdeignous
Ne se consentiront;
Se rien ont a partir,
Bien sai qu'au departir
Par mal departiront.
Ja dui orgoillous ne chevaucheront bien un asne,
ce dit li vilains.

1 Jadis f. Fa   2 et dedaingnos Fa   4 riens A   6 mal
le partiront Fa

66. Fa 66   A 132

Cil qui despendre veut
Et il granz genz aqueut,
Dou suen face raison.
Gart chascuns, n'i ait el,
Le suen petit chatel;
Car petit a foison.

Pains chauz n'a que trois quartiers, et li durs en
a quatre,
ce dit li vilains.

1 qui grant gent akeult A   2 Et qui despendre veut A
3 De poi il prent poison A   6 A petit de f. A   7 Par lains
chans na que .II. quartiers ce dit Fα

67. Fα 67   A 133
J'ai öi corroucier
Maint ome et manecier
Autrui pour son contraire;
Mais tout ce remanoit,
Ja soit ce qu'il senbloit
Qu'il en vousist plus faire.
A petite pluie chiet granz venz,
ce dit li vilains.

3 A. par grant c. A   5 El cuer ne li manoit A   6 Que
plus en v. f. A

68. F α 68   A 135
Hon qui chiet en malage
En un lointain voiage,
Prise pou manandie;
Mais ses amis remaint,
Qui le garde et le plaint
Et a mort et a vie.
Mieuz vaut amis en voie que deniers en corroie,
ce dit li vilains.

1 Por prise qui malage A   2 Kiert en l. v. A   3—5 *fehlen;*
der Raum dafür ist leer gelassen A

69. F*a* 69   A 138

Deniers va en touz lieus;
Les terres et les fieus
Achate danz Deniers;
L'un lasche, l'autre apresse,
Les orgoillous abaisse
Et les unbles fait fiers.

Qui deniers a en bourse, si a vin en pot,
ce dit li vilains.

1 De deniers est mains loiez F*a*   2 Des t. e. d. fiez F*a*
3 A. on de den. F*a* A. on o den. A   4 Lun sache F*a* lautre
presse A   7 Q. a d. em b. sa vin F*a*

70. F*a* 70   A 139   D 54

S'uns evesques m'a chier
Et je rente requier
Et je m'i apareil,
Mieuz est qu'il la me vende
Qu'il me doint la provende,
Ce trueve en son conseil.

De vuide main vuide priiere,
ce dit li vilains.

1 Se ic prouende quier A Ieo provende requier D   2 A
leuesque et requier A A un evesque et quier D   3 Et de ce
map. AD   4 quil a me F*a* que il la v. A   5 Que il me d. pr. D
6 Ceo vei en D   7 m. vaine promesse D

71. F*a* 71   A 140   F*β* 81   D 67

Povres est de pou las;
Mais ce ne sevent pas
Ne li roi ne li conte.
Puis qu'il suefre poverte,

Asez petite perte
A grant chose li monte.
De mains se crive on l'ueil que d'un cheveron,
ce dit li vilains.

1 Poures hon de poi las A **Poure** (Poures D) est de petit
las FβD   3 Ne li duc ne A   4 Puis cons s. AFβ Pus ki s. D
5 A. petit de p. AFβ   7 m. cr. on son oeil que dun tinel A
Qui petit a et petit pert de petit se dielt FβD

72. Fα72   A 144   Fβ6   H 3   D 87
Mainz hon voit son pain querre
Son frere par la terre,
Ne li feroit grant don;
S'il veoit son ami,
Si metroit bien pour lui
Tout son cors a bandon.
Au besoing voit on qui amis est,
ce dit li vilains.

1 Tex escondist son pain A h. uait Fβ (.)eint home ueit p. H
Meint houme vest s. D   2 A son f. germain A Soffraitous p. D.
3 li donne A li donroit du son Fβ li donroit g. H li durrez D
4 s. anui FαA Se son anui veoit H Sil veit s. D   5 Sempres
m. p. A Son cors m. p. li Fβ Sempres p. li m. H Senpres mureit
pur li D   6 Son c. en abandon A Sempres en ab. Fβ Le sien
tot a b. H Soun c. a b. D   7 on son ami A Al bosoing v. lum
ki e. a. D

73. Fα73   A 145   Fγ5   Fβ47   H 21   D 12
Qui a haut ome sert
Et son vivre en desert
Et de lui ne se muet,
La doit prendre ensement

Chevaus et garnement
Et quanqu'il li estuet.
Qui a autel sert, d'autel doit vivre,
ce dit li vilains.

1 haut seignor Fγ Qui haut s. s. D   2 viure i dessert AFγ
loier d. H   3 de li H Ne de lui D   4 Bien doit H   5 Cheual
AFγ et vestement A Cheuaus dras or et argent D   6 kanckalui AFβ
Quant que li H E quant ke lui D   7 a tel sert de tel A Qui
autel FγFβH Qui hautel s. de hautel vive D

74. Fα 74   A 146

Mainz hon n'a de quoi vivre,
S'on por dieu ne li livre;
En son cuer lors estrive
Et si pense en quel terre
Il voist avoir conquerre
Dont a enour se vive.
De maintes se pourpense, qui pain n'a,
ce dit li vilains.

1 Sages h. ne senyure Fα   2 Qui ne sa de quoi viure Fα
3 Mais en s. c. estr. Fα   A son A   4 Et p. en quelle t. Fα
5 Il voit honor c. Fα Il puist a. A   6 D. il a h. v. Fα   7 pain
nen a Fα De mainte se A

75. Fα 75   A 147

Vassaus qui a grant ire
Prent son ome et martire,
Fait son enpirement;
S'il le raient et plaisse
Que nïent ne li laisse,
Il n'i prent puis nïent.
Qui une foiz escorche, dous foiz ne tont,
ce dit li vilains.

·1 qui o gr. A 4 Cil le raaint Fα Si le r. et presse A
5 Qui Fα 6 Nil ni Fα Et si ni pr. n. A 7 esc. ne tont .II.
fois A

76. Fα 76 A 148

Pour aquerre a mainz froiz
Uns hon et mainte foiz
Char froide sanz moustarde.
Ja jour n'avra remire;
Con plus vit, plus enpire,
Plus estraint et plus garde.
Con plus giele, plus estraint,
  ce dit li vilains.

1 Hons p. a. a frois A 2 homs est m. Fα Et si a m. A
5 Que pl. A 7 Que pl. A

77. Fα 77 A 149

Ce ai je bien vëu
Que j'ai jadis ëu
Conpaignon sage et buen
Qui par son bel prametre
Le mien me faisoit metre
Et gardoit bien le suen.
Le pain au fol manjue on avant,
  ce dit li vilains.

1 bien seu Fα Je sai et ai seu A 2 jadis veu Fα 3 saige
bien Fα s. et bon A 5 Me faisoit le mien m. A 6 g. tout
le suen A

78. Fα 78 A 151 Fβ 57 D 58

Longuement ai esté
O clers, mais conquesté
N'i ai dras ne deniers.

Riches et mananz fusse,
Se autretant ëusse
Acointié chevaliers.
Qui de loing garde, de pres s'esjöist,
ce dit li vilains.

1 Lungement D   3 Nen ai D   4 Sires et manant Fβ
5 Se acointie e. A Se longuement e. FβD   6· De lonc tans A
Acointiez FβD   7 loinz FαFβD pres iot AFβ

79. Fα 79   A 152

Je ne voi pautonier
Ne truant ne bergier
Ne tant mauvais garçon
Qui aint parçonerie;
Ire et pautonerie
Vient de male parçon.
Mieuz vaut mienz que nostres,
ce dit li vilains.

2 Truant ne sermonnier A   4 Ki ait A   5 Lire A
6 de truant garcon Fα   7 que vostres Fα mien que nostre A

80. Fα 80   A 137

Fous est qui covent fait
A tricheour ne plait;
Avenu est souvent
Qu'il se prent a la briche;
Li trichiere le triche,
Ja ne tendra covent.
Tel foi, tel cheneviere,
ce dit li vilains.

1 Pols A   3 Avenuz Fα   4 Quil se plaint Fα   6 Ja
nen tenra Fα   7 Tele f. tele Fα, *Zeile leer* A

3*

81. Fα 81 A 153 H 54

Fortune abaisse et monte
Et met enour a honte;
Mais li sages hon prent
Le tens si come il vient,
Et le suen garde et tient,
Et alieue et despent.
Selonc le tens la tenprëure,
ce dit li vilains.

1 F. besse et H   2 Et trait h. A Et torne et uet a H
4 Li tens H   6 Et aloue et Fα Et a reson d. H   7 la trenpeure H

82. Fα 82 A 154 Fγ 22 Fβ 43 H 15 D 22

Qui trop veut bareter,
Ne se puet desdeter;
Quant trestout perdu a,
Lors pramet, lors s'acoste,
Lors esplume son oste,
Terme quiert, tant qu'il l'a.
A courtes chauces longues lanieres,
ce dit li vilains.

1 Qui se v. Fα Ne se puet desdeter A Qui veut trop D
2 Qui trop veut bareter A Ne sen puet destorner Fγ Ne put des-
endoter D   3 Mais puis que apris la AFβH Puis que il apris la
Fγ Quant acoustume la D   4 lois Fα Prent devant et eñcoste A
sacoute Fβ Adonc pramet sa coste H Lores premet si sac. D
5 emplume Fγ esplusche Fβ Et enprunte a s. H Lores plumez
si D   6 tant quil a Fα Et le quiert tant quil a Fβ Du sien tant
quil en a H Termes q. taunt qui la D   7 A courte chauce
longue (longe D) lasniere Fγ D

83. Fα 83 A 155

Qui au tremerel jeue
Et le suen i alieue,

S'une 'foiz i gaaigne,
Fous est, s'il s'i afie; -
Tremeriaus le desfie,
L'endemain le mehaigne.
Toutes oures ne sont moures,
ce dit li vilains.

1 Q. a tr. F*α*   4 Il pert lautre foiee F*α*

84. F*α* 84   A 156
Quant oi trestout perdu,
Li cuens tout esperdu
Me trova en Hainou;
A la bone oure i ving,
Car a grant chose ting
Ce qu'il tenoit a pou.
Buer jëune le jour, qui la nuit est saous,
ce dit li vilains.

1 Li quens tout esperdu A   2 Quant ie oi tout perdu A
3 en Henou F*α* en hainau A   4 eure ving F*α*   5 Qant a F*α*
6 a pau A   7 Ber F*α* Bon A qui au vespre est A

85. F 85   A 157
Sages hon mesurez,
De sens asëurez
De folie n'a cure.
Mais fous folie enprent
Et souvent d'ire esprent,
Qu'il n'a sens ne mesure.
De fol folie et de cuir corroie,
ce dit li vilains.

4 M. quant il entreprent A   5 Et que dire sesprent A
6 Ni a s. A   7 Ja ne verres si grant folie com de sage home A

86. Fα 86 A 158 Fγ 19 Fβ 44 H 18 D 15

˘ Pou truis ome. endeté
Sourpris de povreté
Cui on enple le poing;
Nul ne chaut de sa vie;
Cil en cui plus se fie,
Li faut au grant besoing.
Povres hon fait povre plait,
ce dit li vilains.

1 Se uoi de pourete Fα Petit trueve endetes A Poure trop
endete Fβ (.)ome trop e. H Povre houme trop endette D   2 .I.
vieil home endete Fα Souzpris de pouretes A Soupris HD   3 Com
emplisse le Fα Qui li e. AD Qui lui emplist le Fβ Ne li chaut
de sa uie H   4 N. nen ch. Fγ Qant requiert ses amis FαA Ne
li chaut FβD Que tost fet un fol saut H   5 Cil qui li a promis
FαA Cil ou il plus Fβ Cil ou plus se affie D Car au besoing li
faut H   6 Cil li faut au b. Fα Cil ou il plus se fie H   7 Qui
ne rueue ne prent Fα Tant as tant uaus et ie tant tain A   A bien
amer a face pert H

87. Fα 87 A 159 Fγ 37 D 50

Ja servir en manaie
A parent que je aie
Ne quier jour de ma vie,
Ne a lui marchié faire
Dont me puisse retraire;
Ne m'en prent point d'envie.
Vendre que vendre, doner que doner,
ce dit li vilains.

La s. *(mit dieser Zeile hört das Gedicht auf)* Fγ De s. a
m. D   2 p. ki ieo D   4 Nad celui m. D   5 D. ne me p. D
6 men preing p. Fα Nai ie aussi p. F Nai ieo point D   7 donne
que d. A   Prive mal achate D

88. Fα 88 A 160

De felon deputaire
Ne puet hon nul bien traire;
S'il fait bien, c'est dou mains.
Mout a enviz le fait;
De ce son cuer retrait
Que il fait a ses mains.
Tel pié baise on qu'on voudroit qui fust coupez,
ce dit li vilains.

2 p. nus home tr. Fα   3 Se bien fait A   4 Mais a Fα
6 il sent a Fα   7 pie tert on A que on volroit auoir cope A

89. Fα 89 A 161

Li siecles perist touz,
Ce desus vait desouz,
Chascuns le suen guenchist.
Mais Antecriz vendra,
Qui la gent maintendra
Par cui anïentist.
De bone garde ne fu onques trop,
ce dit li vilains.

2 Li desus va A   4 antecrist Fα   5 les gens A   7 De
bonnes gardes ne fu il o. Fα

90. Fα 90 A 162

Maint serjant sourcuidié,
De son cors pou prisié
Ai vëu faire enui
Et dire grant folie
Par sa grant seignourie

A mieuz vaillant de lui.
Touz tens n'iert pas danz Gerouz maire,
ce dit li vilains.

1 Mains serianz F*α*　　2 Orgueilleus et irie A　　4 Par sa
grant felonnie A　　5 Et dire grant folie A　　7 niert mie gillous
maires A

91. F*α* 91　A 163　F*β* 20

Cil qui d'outre mer vienent,
Granz paroles maintienent
De l'amirant dou Coine;
Dïent que Loradins
Est morz, Salehadins
Retient or Babyloine.
De longues terres longues noveles,
ce dit li vilains.

1 mer vient F*β*　　2 Mlt grant parlement t. A Grant paroles
maintient F*β*　　3 De la mir'. A lamiralt F*β*　　4 q. noradins A
q. toradins F*β*　　5 mors et salhadins AF*β*　　6 Remaintient b. A
Retient ia b. F*β*　　7 De lointaignes t. A

92. F*α* 92　A 164

Cil convers, cil rendu
Ont adès entendu
A terres conquester;
S'on lour done deserte
Terre en val ou en tertre,
Bien la font aprester.
Cheval doné ne doit on en bouche garder,
ce dit li vilains.

1 Cil conuert F*α*　　2 Ont tous tans e. A　　3 A terre c. A
5 De truans vne herte A　　6 I vait maindre et ester A　　7 A ch.
d. n. d. o. pas garder en la bouche A

93. Fα 93 A 61 Fγ 11 Fβ 84 H 16 D 29

Mainz hon par sa bone uevre
Touz ses parenz recuevre,
Tout veut fournir, touz pestre,
Touz les veut recoillir.
Qui tout ce veut fournir,
Ne puet pas riches estre.
Voie batue n'aqueut erbe,
ce dit li vilains.

1 weure Fα (M)eint home HD par bon ovre D   2 ces p. Fα
ses amis A   3 fornir et p. FαH f. tout p. AFγ Toz v. f. et
(et touz D) p. FβD   4 Toz les uelt maitenir FβH les fest r. D
5 Ne puet auoir cueillir AFβH   Cil qui ce v. Fγ Ne velut a nul
faillir D   6 Ne p. plus r. A Ne ne puet r. Fβ Et si ne p. riche H
7 Pierre volage (volanz Fβ volante D) ne keult mousse AFβHD
Pierre volant ne puet cueillir mousse Fγ

94. Fα 94   A 62

Noviaus hon qui a terre
Ou enz cuide conquerre,
De ceus souvent s'acoint
Qui a petit d'ahan
Dedenz le premier an
Se mistrent en bon point.
Mieuz vaut tendre que ronpre,
ce dit li vilains.

2 Ouains Fα Vient. cuide mlt aquerre A   3 souuent acoint A
4 Qui o p. A   6 Le metent en mal p. A

95. Fα 95   A 63

J'ai öi escondire
Mout mainte chose et dire
,Ostez, n'est dons entiers',

La moitié en prëist,
Se on li requëist,
L'endemain volentiers.
Toutes voies pesche, qui aucune chose prent,
ce dit li vilains.

2 De m. Fα 3 nest pas e. A 5 on len r. A 7 Toute
uoies peesche qui riens ne prent Fα

96. Fα 96 A 64 Fβ 46 D 71

Qui celer ne se veut,
Cui chaut, se il se deut
Après de sa folie?
Car s'il ne se veut plaindre,
Si voist en tel lieu maindre
C'on ne sache sa vie.
Voisins tout set,
ce dit li vilains.

2 Que ch. Fα Qui en ch. sil D sen d. Fα 3 *fehlt* Fβ
4 Et se il se v. Fα Se il Eβ Sil ne D 5 voit Fα Dont aut AD
aille Fβ lui D 6 Ke houme D 7 Mal fait tencier a son
voisin A Ce que uoisin set ce seuent tuit Fβ Ben escri le lu ki
sa preie rescout D

97. Fα 97 A 65

Je vois en mainte terre
L'autrui rover et querre,
Mais Flandres m'a mis fieu
Qu'a li m'en aille ovrer,
Car la puis recovrer
Plus tost qu'en autre lieu.
De celui me lo qui bien me fait,
ce dit li vilains.

2 Lautrui auoir conquerre Fα 4 Que a li a. A

98. Fα 98 A 66

Mainz hon est si hastis,
Quant rien a entrepris,
Tantost veut a chief traire;
Le suen despent et gaste
Et si pert par sa haste
Le plus de son afaire.

Rome ne fu pas faite toute en un jour,
ce dit li vilains.

2 riens A   3 Sempres v. A   5 Et desfait a grant h. A
6 Le miex de A

99. Fα 99 A 95 Fβ 62 H 68 D 45

Teus hon despent et boit
Et sour autrui acroit,
Qui tost tressaut son onbre;
Puis l'estuet esmaiier,
Quant lui estuet paiier
Ce pour quoi il s'enconbre.

Teus cuide boivre sour les coustes d'aucun,
qui boit sa chape atout le chaperon,
ce dit li vilains.

1 homs Fα Fols hom A Maint home Fβ (.)eint hom meniue
et H Meint houme D   2 acroist Fα autri H E sur lautrui a. D
3 Qui bien t. FβHD soun noumbre D   4 Plus A   5 Quant illestuet Fα
lui lestuet A Q. il (Q̃. li HD) couient p. FβHD   7 sor les coutiaus Fα sor les costes A Tel cuide (*fehlt* boivre?) sor les costez
aucon Fβ o tout AD Tel cuide boiure autri sercot Qui paie souent
tot lescot H Tel quide beivre le coutel soun cumpainun D

100. Fα 100 A 96 H 33

Cil qui a au cuer soigne,
De faire sa besoigne

Se doit bien aploiier;
Ne doit pas, par raison,
Le piour de maison
En son lieu envoiier.
Qui fol envoie a la mer, n'i a ne poisson ne el,
ce dit li vilains.

1 qui ne quiert et s. (*vielleicht früher* essoigne) A (.)es celui
qui a s. H   2 Doit bien a sa A   3 Soi meisme a. A Bien si
doit traueillier H   5 poieur Fα   7 ne poison Fα Qui fol enuoie
fol (folie H) atent AH

101. Fα 101   A 97

Vilain, quant il sont ivre,
Cuident estre delivre
De toute autre deserte,
Si font, quant s'entrebatent
Par force et se conbatent,
Autrui prou et lour perte.
Ou force vient, justice prent,
ce dit li vilains.

3 Se tout Fα   4 Tant font quil sentrabatent A   6 Dautrui
preu a lor A

102. Fα 102   A 99   Fγ 2   Fβ 70   H 25   D 5

Hon delivres et sains
Ne au plus ne au mains
Ne s'esmait de sa vie;
Ait bon confortement
Et gaaint loiaument;
Dieus ne l'oblie mie.
Qui pain a et santé, riches est, si nel set,
ce dit li vilains.

1 Li homs qui est touz s. Fα Li hom deliure et s. Fγ Li hom deliure et sain FβH Loum delivres et s. D   2 a p. ne a m. A Ne au soir ne au mein FβH   3 voie Fγ Ne senmait de soun nuire (vivre?) D   5 Si FγFβ Et gaint durement H Si guarrat leaument D   7 Mlt est riches et nel set Qui a p. et s. A Qui a pein et sante Il est riche et nel set H

103. Fα 103   A 100

Mout a povre resourse
Cil qui en autrui bourse
Met s'esperance toute.
Qui dou suen rien ne tient,
Quant il a l'autrui vient,
Fous est, s'il n'en a doute.
A tart prent, qui en autrui bourse s'atent,
    ce dit li vilains.

3 A sesp. Fα   4 sien FαA riens A   6 sil ne se doute A 7 qui a lautrui satent A

104. Fα 104   A 101   Fβ 2   D 3

Ja li hon qui est sages,
Entre mauvais visnages
Longues ne demourra.
Se ses voisins le het,
Quant son damage set,
Ja ne li destourra.
Qui a mal voisin, si a mal matin,
    ce dit li vilains.

1 li houme D   2 m. lignaige Fβ mals veisinages D
3 demoura Fα   4 le set Fα Quant A   5 Et son d. het Fα
Se A Et FβD   6 nel destournera Fα ne le A Ja lui ne mousterra D

105. Fα 105 A 102 Fγ 6 H 55 D 25

Cist siecles est mauvais,
Ja hon n'i avra pais;
Qui plus vit, plus laboure.
Bien a, s'il le desert;
Mais tout son mueble pert
En une petite oure.
Encontre mort nul resort,
ce dit li vilains.

1 Cil Fα Cis AFγ (.)est s. H   2 Ia nus AFγ Iames H
Ia nul ni auera D   3 p. a p. A   4 Et icil qui dieu sert A si
le H ad qui il D   5 Trestout son A   6 En mlt tres petit
deure A En assez petit deure FγH   7 Contre m. na r. A Contre H
En la coiffe gist li encombriers Fγ En la coue est ll encumbres D

106. Fα 106 A 103 H 56

Hon qui mauvais veut estre,
Fait de son serjant mestre
Et si le met a fuer;
S'il done a ses amis,
Son serjant est a vis
Qu'il li isse dou cuer.
Ce que sire done et sers ploure, ce sont lermes perdues,
ce dit li vilains.

1 (.)il qui musart v. H   2 De s. s. f. m. A   3 Et cil le A
Et le met en grant f. H   5 Donques li est A Sest a celui auis H
6 Qui li oisse Fα Con li traie d. H   7 Que sires A

107. Fα 107 A 104 Fβ 80

Qui n'a ne fieu ne terre,
Ne doute pais ne guerre;
S'aucuns le veut aerdre,

Mout petit i gaaigne;
Ne li chaut qui le praigne,
Quant il n'a rien que perdre.
Quarante bien vestu   ne despoilleroient un nu,
      ce dit li vilains.

3 Saucons F*β*   4 Mauuaisement vendenge AF*β*   5 le
prenge AF*β*   6 riens que A il nen a que F*β*   7 bien uestus F*α*
Home (Hom F*β*) nu ne puet on despoillier AF*β*

108. F*α* 108   A 105

Genz qui est marcheande
Trueve asez, qui demande
,Le travers nous donez'.
Uns coquins, uns ribauz
S'en va outre granz sauz,
Ja n'iert araisonez.
De quoi donra paiage, qui rien ne porte?
      ce dit li vilains.

1 Gent F*α*   2 Tr. bien A   5 outre les s. A   7 Qui
donra F*α* riens F*α*A

109. F*α* 109   A 106

Nus ne done a plenté
Contre sa volenté,
Ainz fait tost vilonie;
Trestout son don bestourne,
Tant le tourne et retourne,
Manie et remanie.
Feme avere trois foiz sele,
      ce dit li vilains.

6 Et retourne et manie F*α*   7 cele F*α*

110. Fα 110 A 107 H 57

Menace de povre ome
N'est au riche soursome,
Trestout le tient a jeu;
Mais cil gaite et atent,
Si s'en venge asprement,
Quant il en vient en lieu.
De fol et d'enfant se doit on garder,
ce dit li vilains.

2 Nient iert a r. home H   3 Nen fait el que son geu Λ
5 Dont sen A Si se v. H   6 en voit son l. A   7 et diure H

111. Fα 111 A 108 H 58

Uns hon desesperez,
Malement ëurez
Cuide grant los aquerre.
Sa gloire pou li dure;
Par sa grant desmesure
Li vi puis son pain querre.
Qui ainz saut qu'il ne doit, ainz chiet qu'il ne voudroit,
ce dit li vilains.

1 Fols hon AH   2 Durement est uantez H   3 Ne puet
g. l. conquerre H   6 Le voi A Si ua p. H   7 ne doie A ne
vueille A Lueure se prueue cest bien reson H

112. Fα 112 A 109 H 34

Qui rien ne puet avoir,
Cil pramet son avoir,
Son pain et sa viande.
Quant il l'a, si l'estuie,
Et tresbien li enuie,

Quant nus rien li demande.
Ja ne verrez si large con celui qui rien n'a,
ce dit li vilains.

1. riens Fα Cis nient ne A   2 promet Fα Cis promet A
Si pramet H   4 Q. il a H   5 len anuie A Et forment li H
6 Q. on r. len d. AH   7 riens A v. li large H

113. Fα 113 A 110

Qui son los aconplir
Veut par son ventre enplir,
Li palazins i entre.
Ja n'iert plainz, ce plevis,
Se soufraite a d'amis,
Qui tout met en son ventre.
Mieuz vaut uès donez que uès mangiez,
ce dit li vilains.

2 V. por s. A   3 La palazine A   4 plains Fα Ja ne doit
estre plains A   5 Se il damis a mains A

114. Fα 114 A 111   D 68

Bien sai, plus lasche vie
N'est que chevalerie,
Tost a son los perdu,
Qui le mestier ne fait;
Si tost con l'entrelait,
Si dit on que bons fu.
Tant con dure, tant aiue,
ce dit li vilains.

1 lache Fα   3 Tout a A   5 Si t. c. il le lait D   6 Sil
ad tout perdu D   7 t. anuie A Taunt est bon cumme durc
si aie D

Tobler, Li proverbe au vilain.   4

115. Fα 115 A 112

Qui d'enfance acoustume
Sa mauvaise coustume,
Ne s'en puet repentir.
S'il a mentir aprent,
Volentiers jure et ment,
Belement set mentir.
Qu'aprent poulains en dentëure,
tenir le veut tant come il dure,
ce dit li vilains.

4 Cil Fα Se a A   7 Qui prent poulains en douteure Fα

116. Fα 116 A 113

Ne se vont de senblant
Ne de rien resenblant
Frere tresbien souvent;
Car je voi tout adès
L'un buen, l'autre mauvès,
Ne sont pas d'un covent.
Tuit li doi de vostre main ne sont pas oni,
ce dit li vilains.

1 uont assamblant Fα   2 Nule riens A   3 Freres Fα F.
gaires s. A   4 voi pres kades A   6 Et het foi et conuent A
7 li doit Fα de la main A

117. Fα 117 A 114 H 35

Mainz hon veut son voisin
Decevoir; en la fin
L'estuet a lui entendre;
De son agait est pris
Et de ce est souzpris

Dont le voloit souzprendre.

Qui le damage sou voisin desire, le suen aproche,
ce dit li vilains.

1 (.)el cuide H   2 Receuoir F*a* Decoiure ens en A   3 Puis
a a el e. F*a* Et a tel chose e. H   5 soupris F*a*H sorpris A
6 souprendre F*a* sorpr. A Dont autri ueut soupr. H   7 sien li
a. F*a*H sien aproisme A

118. F*a* 118   A 115   D 85

Qui delivrer se veut
Dou serjant dont se deut,
Blasme li brasse et muet;
Dit qu'il li a enblé
Quanqu'il a asenblé,
Si li tout ce qu'il puet.

Qui son chien veut tüer, la rage li met sus,
ce dit li vilains.

2 De s. AD   3 Blame li brase F*a*   4 Dist ki il D
5 Quanquauoit a. F*a* Quant ki il li ad a. D   6 Puis li t. se il
p. A Si t. ceo ki il D   7 Ki het soun chen l. r. l. m. soure D

119. F*a* 119   A 116

Souvent avons vëu
Que buen oir sont issu
D'aucun mauvais lignage;
Et bien est conëu
Qu'en bas ome a ëu
Forlignié seignourage.

Noire geline pont blans uès,
ce dit li vilains.

1 Pou auommes v. A   4 Et bien auons veu F*a*   5 Que
baz homs a F*a* Que b. h. ont e. A   6 Lignie et s. A   7 p.
blanc oef A

120. Fα 120 A 118 D 86

Fous est, qui son serjant
Et son petit enfant
Fait sour lui damoisel.
Qui trop le damoisele,
Tost li dit tel novele
Dont ne li est pas bel.
Privez sire fait fol vassal,
ce dit li vilains.

2 Ou son AD   4 Quant A le dauncele D   5 tele n. D
7 Sire prive fest f. D

121. Fα 121 A 119

Qui forz est de poissance,
Souvent met en doutance
Son plus riche voisin;
Les autres fraint et brise,
Tuit doutent sa justise,
Tuit sont a lui aclin.
La force paist le pré,
ce dit li vilains.

1 fors Fα Si fors est A   5 iustice Fα   6 Tout s. A

122. Fα 122 A 120 Fγ 16 Fβ 48 D 38

Cil qui a sa grant dete,
Au mains qu'il puet la mete;
Ne fera que vilains.
Ja puis tout ne toudra,
Que nïent en soudra,
Ainz devra de tant mains.
Qui s'aquite ne s'enconbre,
ce dit li vilains.

1 q. doit grande d. A ad si gr. D 2 Sau m. A ki il p. D
3 Ne fait pas q. FαA Nen fest pas q. D 4 Ja tout puis ne
toldra A taudra Fγ perdra Fβ ne li t. D 5 sourra Fα Kaukun
pou en soldra A Qui petit en soudra Fγ Q.un poi en soudra Fβ
Qui nient en s. D 6 d. .II. tanz m. Fβ A. dorra D 7 sa-
cuite FαFγ

123. Fα 123   A 121   Fβ 26

Fous est, qui aparente
Ne parent ne parente
Dont cuide avoir viltance;
Mais loing de lui le mete
N'onques ne li pramete
Chose ou ait esperance.

Il fait mout bone journee, qui de fol se delivre,
ce dit li vilains.

3 Dont il en ait v. Fα De quoi il ait Fβ 4 loins de lui
la mete Fα de soi le A loinz de lui le Fβ 6 Ch. ou il ait fiance Fβ
7 Bone i. fait qui A Bon iornel fait qui Fβ

124. Fα 124   A 122   D 57

Cil qui autrui enploite
A soul son uès couvoite,
Ne doit autrui huchier.
Se c'est terre ne rente,
Fous est, s'il ne presente
Ce qu'il en a plus chier.

Qui ne done que aime, ne prent que desire,
ce dit li vilains.

1 a. esploite Fα a. enplaide D 2 Auec son Fα Auoec
son A E al soun D 3 Nel doit par tout h. AD huchir D 4 Si
ceo est D 5 si il D 6 Ce que il plus a ch. A Ceo qui il ad D
7 donne ce quil ainme Fα

54

125. F*α* 125 A 123

La chose qui mains vaut
Et dont a dieu mains chaut,
Amende et monteplie;
La buene suefre ahanz,
Et dieus a non otranz,
Qui bien et mal otrie.
Male erbe croist asez,
ce dit li vilains.

1 Ia ch. F*α*   2 Et de cui dieu A   7 croist tous tans A

126. F*α* 126 F*γ* 4 F*β* 12 H 67 D 10

Quant cil prince s'aprestent
Et lour conpaignons vestent
A pasque o a nöel,
Après eus vienent tant
Escuier et serjant
Qui vuelent autretel.
Qui cuir voit taillier, corroie demande,
ce dit li vilains.

1 sarestent F*α*F*β* princes F*β* c. baron H saresteit D   2 compaignon H vestreit D   3 ou au n. F*α* et a n. D A pasques a
n. F*γ*F*β*H   4 A. lui v. F*α* e. vount taunz D De ce sui bien
sachant F*γ*   5 Escuiers F*α* seriaunz D Quapres els en va tant F*γ*
7 Quant fols v. t. c. si d. c. F*γ* corroies F*β* Qui veut quir dalier
coreie d. D

127. F*α* 127

Je sai bien endroit moi
Que maint proudome voi
Soufraitous de touz biens;
Mais cil qui rien ne puet,

Voi bien qu'il li estuet
Estre plus vis qu'uns chiens.
Vis est, qui nïent n'a, et plus vis, qui ne puet,
ce dit li vilains.

4 ne prent   5 Voit b. qui li

128. Fa 128

Hon qui en orfanté
Chiet et en povreté,
Ses amis n'ose atendre;
O lui les sejourroit,
Volentiers lour donroit,
S'il avoit rien que prendre.
Qui n'a que doner, plus est durs que piere,
ce dit li vilains.

4 le seignouroit   5 V. li d.

129. Fa 129

Qui le suen pert et gaste,
S'en suefre fain et laste,
Quant n'a que prendre plus;
Mais cil qui a tant fait
Qu'il a avoir atrait,
Est touz jourz au desus.
Qui estuie de son disner, mieuz l'en est a son souper,
ce dit li vilains.

5 Quil a honor se trait

130. Fa 130

Qui n'a grange ne tour
De son mauvais detour,

Ne refust ja ses ofres;
Se il n'a mais que rendre,
Touz doit les oustis prendre,
Huches et bans et cofres.
Dou bon detour prent on avaine,
et dou mauvais ne ce ne quoi,
ce dit li vilains.

3 r. mais ces   5 les ostex

131. Fa 131

Cil qui bons seignours ont,
Se granz despenses font,
Touz tens sont d'eus löé;
Quant chascuns a sa feme,
Ce qu'el despent et seme,
Est mout mal aloué.
D'autrui cuir large corroie,
ce dit li vilains.

2 Les gr. depenses   3 Touz les uoy deslones   5 Ce quil
6 mal alouez

132. Fa 132

Mainz hon grant despens fait,
Et despent en souhait;
Quant vient au daerain,
Son poindre fournir n'ose,
Ainz pert par pou de chose
Tout son los premerain.
Mal fait la chape, qui ne fait le chaperon,
ce dit li vilains.

3 au desriain

133. Fα 133

Cil qui dieu crient et sert,
Maintes fiiees pert
Et chiet en maus liiens;
Mais ne s'en done garde;
Quant il mains se regarde,
Si l'en revient granz biens.
En pou d'oure dieus laboure,
ce dit li vilains.

1 qui dieut cr.   3 liens   5 mais se   6 Si en

134. Fα 134   A 165   Fβ 10

Quant manjüent seignour,
Garçon et lecheour
Fors de l'ostel remaignent
Et gaitent aus pertuis;
Et quant on uevre l'uis,
Enz par force s'enpaignent.
Teus s'enbat come chiens, qui vit come hon,
ce dit li vilains.

2 et iougleour A   4 Et gaite a la pertruis Fα Esgardent es
p. A Agaitent au p. Fβ   7 Qui semb. c. ch. si uit c. homs Fα
Qui senb. come soz si uait c. h. Fβ.

135. Fα 135   A 166

Tel ome en povreté
Voi estre et endeté
Tant que il est touz vieuz,
Que s'il voloit tracier
Son bien et pourchacier,

Il l'avroit asez micuz.
Qui siet, il seche; qui va, il leche,
ce dit li vilains.

1 Qui h. Fα   2 Voit e. Fα   3 illest Fα   4 voloit chacier
Fα Se il vouloit A   6 Il auroit A   7 va si leche A

136. Fα 136   A 167   Fβ 17   D 11

Ribaut en cez tavernes
Se font boces et hernes
Es testes et es dos;
Mais li povre en pais vivent,
Ne se batent n'estrivent,
Qui a l'uis sont forclos.
Ce fait vins que ne fait iaue,
ce dit li vilains.

2 Si Fβ Fount b. D   3 es os Fα   4 M. li sage Fβ   5 b.
ne tirent Fβ Ne combatent ne e. D   6 Car aillors s. Fα siet
forclos Fβ   7 vin ki ewe ne poest D

137. Fα 137   A 168

Sages hon par grant ire
Tout son bien desatire;
Ce fait que après het.
Se il ëust pourpens,
Nel fëist en nul sens;
Mais mesure ne set.
Irous n'a conseil,
ce dit li vilains.

2 Sa chose d. A   4 Sil eust nul p. A   6 ni set A   7 Iries
na c. A

138. Fα138   A170

Povres hon pou esploite;
Chascuns des suens couvoite
Que il fust de lui loing.
Come il plus est gentis,
De tant est il plus vis,
S'il rueve par besoing.
Dolent celui qui rueve,
ce dit li vilains.

2 Ch. de lui c. Fα   3 lui soing Fα de soi l. A   4 Car
quant pl. Fα il est plus g. A   7 Mar fu nes qui prie A

139. Fα139   A171   D56

N'est nus, tant soit courtois,
N'abbes ne cuens ne rois
Ou il n'ait a reprendre.
Ne nus dieu tant ne crient,
S'il cest siecle maintient,
Ne l'estuisse a mesprendre.
Ainz ment li hon qu'il muire,
ce dit li vilains.

1 Nes nes ne rois ne quens A Nest ne reis ne quens D
2 Ne abes tant soit buens A Princes taunt seit bons D   4 nus
tant dieu ne AD   5 Cil se s. Fα Sil ce s. A Si cest s. D
6 lestueche mespr. A li estoce m. D   7 quil ni merge D

140. Fα140   A169   Fγ30   D42

Mainz hon voit son voisin
Vieil et pres de sa fin,
Qui couvoite sa terre
Et par son grant avoir
La cuide bien avoir

Et de ses oirs aquerre.

Longue corroie tire, qui la mort son voisin desire,
ce dit li vilains.

. 1 Meint houme D 2 Viex A Ou est pruf de D 3 Quil c.
Fα ..ui sa terre desierre Fγ Si c. de s. D 4 ..son g. a. Fγ
5 ..uide b. a. Fγ ·Le quide ben aueir D 6 De s. h. et a. A
conquerre Fα ..es oirs conquiere Fγ E sei erite cunquere D
7 Qui la m. s. v. d. l. c. t. Fα ..ue c. t. ...n mort d. Fγ 2—8
fehlen in Fγ die Zeilenanfänge infolge Beschädigung des Blattes.

141. Fα 141   A 172

Teus cuide decevoir,
Tout sanz aparcevoir,
Son voisin et souzprendre,
Que cil gaite et atent
Et bien tost le souzprent;
Bien set son lieu atendre.
Il est bien lere, qui a larron enble,
ce dit li vilains.

1 Ciex c. Fα   2 Touz cex a. Fα   3 et souprendre Fα et
sorprendre A   4 Com cil Fα   5 le souprent Fα le sorprent A
7 Mlt est lerres A

142. Fα 142   A 173

Merveille est de fortune,
Qui tel avoir äune
A un ome et asenble;
Grant chose li consent,
Mais puis que se repent,
Si li tout tout et enble.
En la coue gist li enconbriers,
ce dit li vilains.

5 Qant ele se reprent Fα   6 tout ensemble A   7 keue est li A

143. Fα 143 A 174

Hon de pute nature
Come il onques plus dure,
Et mains de biens desert.
Il est pire d'un chien:
Qui plus li fait de bien,
C'est cil qui plus i pert.
De bien fait col frait,
ce dit li vilains.

3 Onques bien ne d. A   5 plus i fait Fα

144. Fα 144 A 175

Cil qui son prou veut faire
De felon deputaire,
Fous est, s'il ne l'atrait.
En lui doit le suen metre
Et largement prametre,
Tant que il en ait fait.
Tant doit on le chien blandir que on ait la voie passee,
ce dit li vilains.

4 En lieu d. Fα   5 Et donner et prom. A

145. Fα 145 A 176

Mainz hon a tel corage
Qu'en trestout son aage
D'autrui prou n'avra soigne.
Quant son prou i cuidoit,
Durement s'i aidoit
A faire la besoigne.
Entre dous verz la tierce mëure,
ce dit li vilains.

1 Cex hom Fα Jai veu maint fol sage A   2 Qui en tout A
3 preu nen a s. A   4 Q. le sien i A   5 D. sen ai. A   6 Dauan-
cier la A   7 .II. verdes A

146. Fα146   A 177   Fγ 27   Fβ 3   D 39

Se tes povres amis
En son ostel t'a mis
Et de pou est lassez
Pour faire toi enour,
Ne l'en dois gré menour
Que s'il faisoit asez.
Qui fait ce qu'il puet, on ne li doit rien demander,
ce dit li vilains.

3 Pour faire toi honor A E seit de pouerte leissiez D
4 De poi est voir lasses A   5 Car sil disoit ales A doiz
grez Fβ   6 cil Fα Ne len dois gre menor A Qui si il feseit D
7 Qui fait ce quil doit toutes ses lois acomplist A f. que p. ses
lois acomplist Fγ Qui ce f. que il p. totes les lois acomplit Fβ
Qui fest ceo kil p. toutes ses leis acomplist D

147. Fα 147   A 178

Ja tour n'alos ne pris.
Bien l'ai par moi apris
Et bien sai que voirs est:
Quant nus hon a soufraite,
La atent, la agaite
Ou il set le conquest.
Qui a mestier dou feu, a son doi e quiert,
ce dit li vilains.

1 ne los ne Fα Natour na los na pr. A   2 Bien ai A   3 Et
sai bien A   4 Q. aucuns a A   5 atent et la gaite A   6 Sil i
set son c. A   7 Q. mestier a A

148. Fα 148   A 179   Fγ 7   Fβ 16   D 26

Tel voi faire despens
Dont forment me pourpens,
Mais que parler n'en os.
S'il dou suen devoit faire,
Ainçois se lairoit traire
Un chat parmi le dos.
Souef noe, cui on tient le menton,
ce dit li vilains.

1 despenz FαFγ Tex Fβ   2 porpenz FαFγ Dont ge mlt me
Fβ   3 Mais ie Fα   4 Sil deuoit dou sien A Se du Fγ Sel deuoit
du s. f. Fβ Se del sen le d. D   5 Il se l. ains t. A Ainz se le-
reit il t. D   6 p. son d. Fγ aual le d. Fβ   7 Dautrui cuir
larges corroies Fγ meton Fβ n. ke lum tent par le m. D

149. Fα 149   A 180

Hon riches et mananz
Qui n'a de touz enfanz
Fors un soul, bien le paist;
En lui met tout le suen,
Quanqu'il fait, tout est buen,
Tout li siet, tout li plaist.
Qni n'a qu'un ueil souvent le tert,
ce dit li vilains.

1 Li h. r. m. A   3 le vest Fα Fors cun seul A   5 fait li
est A   6 li plet Fα   7 le tuert Fα

150. Fα 150   A 181

Hon est malëurez
Et n'est mie senez
Qui a plus fort de lui
Se prent, se il le trouble.

Sa honte croist et double,
Se il li fait enui.
Mal venge sa honte, qui l'acroist,
ce dit li vilains.

1 Fols hom m. A 2 Malement esperes A 4 se il se tourble
A   5 croit Fα croist a double A 6 Si li refait 7 la croist
Fα Mauuaisement v. A

151. Fα 151 A 182

Uns hon qui a cent livres
En est mout tost delivres,
S'il asez veut despendre,
Mais ne se done garde.
Quant il mains se regarde,
N'en a il mais que prendre.
Qui ne conte et prent, ne set qu'il despent,
ce dit li vilains.

2 Mlt tost en est d. A   3 Quant a. A   5 Q. mais ne se
r. Fα 6 Nena mais q. despendre Fα Si na noient q. A 7 prent
Il ne set Fα Ki conte ne prent n. s. que d. A

152. Fα 152

Uns hon en mainte terre
Va sa garison querre
Ou il petit conqueste;
Et quant il mieuz ne puet,
De l'ostel ne remuet
Et a celui s'areste.
Qui mieuz ne puet, a sa vieille se dort,
ce dit li vilains.

5 ne se remuet

153. Fα 153

M'atente et ma fiance
Ai mise et m'esperance
Ou conte, ou mes cuers tent;
A petit de servise
Sai bien que sa franchise
Me vaudra durement.
Par petit pertruis voit on son ami,
ce dit li vilains.

4 seruice   7 pertruiz

154. Fα 154

Cil qui dou tout s'atent
A son riche parent,
Ne fait mie savoir;
Mais endroit soi gaaint.
Fous est, s'en lui remaint
Que il n'ait grant avoir.
Parent parent; dolent celui qui n'a nïent,
ce dit li vilains.

5 sen li r.

155. Fα 155

Cil qui mout a broiié,
Quant il voit son marchié,
Fous est, s'il ne l'aert;
Car teus va par la voie
Qui tost prent ce qu'il broie;
Sages l'a, fous le pert.
Maaille n'est perdue qui sauve denier,
ce dit li vilains.

7 nest preuz de faus denier

156. Fα 156

Vëu ai bien souvent
Asenblé grant covent
Conseillant sanz sejour;
Et tout priveement
Le sorent toute gent
D'ilueques au tierz jour.
Teus conseuz avant revient,
ce dit li vilains.

7 a. reuiennent

157. Fα 157

Cil pelerin pour mal
Au tenple, a l'ospital
· Le lour comander suelent;
Quant il sont respassé,
Ainz qu'il soient passé
Deça, ravoir le vuelent.
Qui comande, si demande,
ce dit li vilains.

1 par mal   2 lopital

158. Fα 158

Cil povre vavassour
S'esmuevent toute jour,
Li uns l'autre guerroie.
Puis vienent roi et conte
Qui celui font grant honte
Qui lour voloir n'otroie.
Au bon buef esmuet on le char,
ce dit li vilains.

159. Fα 159

Ce ne porroit pas estre,
S'aucuns aime son mestre,
Son per o son seignour,
S'il trueve son serjant,
Qu'il n'en ait joie grant
Et ne li face enour.
En l'amour dou seignour gaaigne li serjanz,
ce dit li vilains.

160. Fα 160 Fβ 13 D 34

Il pert bien aus murauz
Queus paines, queus travauz
Orent li anciien;
A paine sont desfait,
Ja n'ierent contrefait
Par ome crestiien.
Il pert bien aus tez, quel li pot furent,
ce dit li vilains.

1 as muriax Fα Bien pert as granz mureax Fβ Bien pert
as fez morans as fors murailz D   2 Les p. les trauax FβD
3 Qorent Fβ Ki eurent li auncien D   4 A paines furent fait Fα
desfez Fβ defeit D   5 Ja ne seront refaiz Fβ Ja ne serount
resfait D   6 Por h. FβD   7 tes qiex li pos furent Fα Bien
pert an teest Fβ Bien pert el chef quels les oilz furent D

161. Fα 161 Fγ 32 Fβ 75 D 44 D¹ 114

Mainz granz hon son cors het,
Conseillier ne se set
D'eschiver son enui;
Uns petiz contrefaiz,

Uns boçuz, uns desfaiz
Garist soi et autrui.
Torte laigne fait droit feu,
ce dit li vilains.

1 M. hom son grant c. Fγ Tex est que s. Fβ Meint fol
houme soun tors h. D Meint houme autre h. D¹   2 E covrir
ne se set D¹   3 Ne couurir s. Fβ Ne e. D Ne celer s. D¹
4 U. chetiz uns contrais FγD .I. bocerez uns laiz Fβ Wns
povres mesfaiz D¹   5 .I. cortois contrefaiz Fβ b. un mauveis
D Qui est torz et countraiz D¹   6 Garde D   7 T. boise f.
Fγ T. busche FβD T. boche D¹

162. Fα 162

J'ai en cuer tel seignour
Que j'ain de tel amour,
(Qui voudra, si m'en croie)
D'un suen petit serjant
Feroie joie grant,
Se sanz lui le tenoie.
Qui moi aime, mon chien,
ce dit li vilains.

1 Jai en cor tel   2 tele   6 lui latenoie

163. Fα 163

Se le voir n'en cele on,
En prester a felon
Nus conquester ne puet;
Car cil bareteour
Heent lour presteour,
Quant il paiier estuet.
Qui preste, ne jot; qui ne preste, mal ot,
ce dit li vilains.

3 ni puet

164. Fα 164

Chascuns sert pour aquerre,
Cist avoir et cist terre,
Si est la chose enprise;
N'i a point de rescousse,
Car a la parestrousse
Quiert chascuns son servise.
Ja ne verrez preecheour qui en la fin ne demant,
ce dit li vilains.

6 chascun son seruice   7 preescheur

165. Fα 165   D 70

Garçon losengeour
Qui sont a haut seignour,
Mainz frans hon d'eus se claime;
Car a ce s'apareillent
Que souvent li conseillent:
‚Cil vous het, cil vous aime'.
Teus puet nuire qui ne puet aidier,
ce dit li vilains.

1 losenjou⸴ D   2 s. od h. D   3 De meint houme se
claiment D   4 aiceo D   5 Qui FαD   6 Cil nous h. c. nous
aiment D   7 Tel poest noiser D

166. Fα 166

Quant je voi entrepris
Ome et souvent repris
Et de mal coustumier,
Li vins en est bëuz,
Ja puis n'iert mais crëuz

A nul jour de legier..
Qui maintes fist, maintes fera,
ce dit li vilains.

.

167. Fα167

Cui chaut, se cil se deut
Qui pas celer ne veut
Ne son mal ne son bien?
Qui tout dit son covine,
N'a amour n'a häine
Ja ne dirai le mien.
Malement celera autrui, qui soi mëisme ne puet celer,
ce dit li vilains.

1 Que Fα   6 ne dira le Fα   7 soi meismes Fα

168. Fα168

Sages mal et bien set,
L'un aime, l'autre het,
De tout set raison rendre;
Fol son sens ne pris rien;
Pou puet savoir de bien, .
Qui mal ne set entendre.
Qui bien set et le mal prent, fous est tresnäivement,
ce dit li vilains.

1 bien fet   3 A touz set   4 Tout son senz   5 Poi
7 tresnayument

169. Fα169

Mainz riches hon mauvais
Veut faire grant palais
Et granz tours contre aoust;

Et quant vient en septenbre,
Dou despendre li menbre,
Sil lait tout pour le coust.
Mout est loing de Rome, qui a Paris jupe,
ce dit li vilains.

6 Si lait   7 e. loinz

170. Fα 170   Fγ 36   Fβ 52

La vieille si nourrist
Ses poucins et pourrist
Que nul n'en asavoure;
L'iver les garde et couve,
Mais sire en est la louve,
Qui trestouz les devoure.
Mal noure, qui n'asavoure,
ce dit li vilains.

1 Lamelle si Fα v. qui FγFβ   2 et belist Fγ Les p. si Fβ
3 Q. nus FαFβ   4 Ele les g. Fγ Luins Fβ   5 Ses sires est
FαFγ M. sires est Fβ   6 Q. de tout les Fγ   7 M. norrist
FαFβ M. neure qui nassaueure Fγ

171. Fα 171

Qui outrage et mesdit
A un sage ome dit,
Ja ne movra le groing;
Mais li desmesurez
N'iert ja asëurez,
Ainz fiert tantost dou poing.
A sëur fiert, qui n'a que perdre,
ce dit li vilains.

2 home dist   7 Asseur

172. Fα 172

Maint ome sont asez
Qui ont ore amassez
Granz avoirs en lour vie;
Robe ont au dïemanche,
Puis font dou geron manche,
Quant ele est enviesie.
De mëisme la terre fait on le fossé,
ce dit li vilains.

3 grant auoirs   6 en viessie   7 De meismes

173. Fα 173   A 67

Ja hon de conoissance
N'avra bien ne privance
De son felon voisin;
Mais l'estrange aime et tient,
Dont touz enuiz li vient
Et honte a la parfin.
L'erbe qu'on conoist, doit on metre a son ueil,
ce dit li vilains.

2 b. ne puissance Fα bien nacointance A   4 aime et
crient A   7 connoist dont on mestre Fα on liier a A

174. Fα 174   Fβ 74   D 27

D'oisiaus, de chiens courtois
Se font fil a bourjois,
Mais a estrous s'afolent;
Après la mort lour pere
Apovrissent lour mere
Et son avoir li tolent.
Mieuz vaut mestiers   que espreviers,
ce dit li vilains.

1 oi. et de D 2 Sont cil fill de b. F*β* fiz de burgeis D
3 M. en estor F*β* 4 Enpres l. m. lors peres F*β* 5 Affebloient
lors meres F*β* 6 Et lor auoir lor t. F*β* E tout le sen li t. D
7 Mieldres est m. q. chiens ne e. F*β*

175. F*α* 175 A 68

Mieuz ameroie a Rome
Mil mars, c'est or la some,
Pour avoir une eglise,
Que je l'ëusse ëue,
Si fust chose sëue
Qu'a tort fust sour moi prise.
Con veut li rois, si va la lois,
ce dit li vilains.

2 .III. mars ce est la A 4 Ke auoir la e. A 7 C. uient
F*α* la soys F*α* Si vont les lois come li seignor vuelent A

176. F*α* 176 A 69

Avers n'ose despendre
N'a son ami entendre
De faire li nul bien.
Ses sire au daerain
Li monde si la main
Que il ne li lait rien.
Qui tout tient, tout pert,
ce dit li vilains.

1 luers F*α* Mains hom A 2 Ne son a. atendre F*α* Na
ses parens e. A 3 faire lui F*α* Ne faire leur n. A 4 au
desriain F*α* au daerrains A 5 Li mende F*α* Li wuide si les
mains A 6 Que ne li remaint r. A 7 Qui t. couuoite t. p. A

177. Fα 177 A 70

Je cuit que dieus mesprist,
Quant il cest siecle fist,
Qui en osast plaidier.
Li riches n'a que faire
De son ami atraire,
S'il ne li veut aidier.
Ne set li saous qu'est au jëun,
ce dit li vilains.

2 ce s. Fα ce monde A   3 Que on nossast Fα   4 Riches
hon A   5 son voisin a. A   6 ne li puet a. Fα   7 saous quil
est Fα

178. Fα 178 A 71 Fβ 18 D 79

La voie d'outremer
Voi a maint ome amer,
A l'aler jupe et huie;
Quant vient au revenir,
Ne se puet soustenir,
A un baston s'apuie.
Las buès souef marche,
ce dit li vilains.

2 hom a. Fβ meint a. D   3 gabe et hue Fβ   4 Q. est au A
5 ne puet soi s. Fβ   6 Mais dun b. A   7 buef Fβ boel D

179. Fα 179 A 72

Brabançon en Bourgoigne
Font mout bien lour besoigne;
Barons et chastelains
Font aus armes perir;
Puis les en voi venir

Sanz piez, sanz braz, sanz mains.
De si haut si bas,
ce dit li vilains.

1 Brebencon F*α* Brabencon A   2 mlt de lor A   4 F. par
a. A   6 Sans iex sans pies s. A

180. F*α* 180   A 73

Estroite vie et male
Puet mener en grant sale,
Qui despendre n'i ose;
Si voit on a grant aise
Maint povre ome en sa haise
A asez pou de chose.
A petite fontaine boit on souef,
ce dit li vilains.

1 E. uoie est m. F*α*   3 d. ne nose A   4 Et ie uoi A
5 M. prodōme sabaise F*α*   6 Et dasses p. A.   7 on bien
aise A

181. F*α* 181   A 74   F*γ* 17   F*β* 83   D 17

En bon espoir m'a mis
Mainz hon qui m'a pramis
Ce qui dut estre estable,
Qui puis ert tout mençonge.
En maniere de songe
Tourne parole a fable.
De bele parole se fait fous tout lié,
ce dit li vilains.

1 Cn F*α* Molt ai de bons amis F*γ*F*β* Mout ai ouc a. D
2 promis F*α*A Qui souent mont pramis (requis F*β*) F*γ*F*β*D   3 Sen
cuidoie F*α* Dont cuidoie F*γ* Que (Qui D) cuidoie e. F*β*D   4 Ce
qui plus iert m. F*α* Que p. e. vil m. F*γ* Mais tot estoit m. F*β*

5 A m. FαFγD Et m. Fβ de mensounge D   6 Toute p. affable
Fα T. promesse AD Tornoit tout et a Fγ Et tornoit tot a Fβ
7 De b. promesse AFγD fox liez Fβ fols le D touz liez FαAFγ

182. Fα182   A75

Qui touz tens en richece,
En tour, en forterece
A demené son cors,
Se dou cuer ne li vient,
Ne set con se contient
La povre genz la fors.
Ne set li riches qu'est au povre,
ce dit li vilains.

2 En tours A   3 son cours Fα   6 p. gent Fα   7 riches
coment il e. A

183. Fα183   A76

Quant li hon est plus riches,
S'il est avers ne chiches,
Blasmes l'en sourt et vient.
Se il bourc ne vile a,
Selonc ce que il a
Selonc ce li covient.
Que ne manjue sainz Martins, si manjue ses pelerins,
ce dit li vilains.

3 Blame Fα   5 Ou autre auoir cil la Fα   6 li souient
Fα   7 mengue FαA   martins Ce font si home A

184. Fα184   A77

Bien doi ma mesestance,
Mon enui, ma pesance
Dire a mon bon seignour.

Se je çoil mon corage,
Je faz mon grant damage
Et ma perte greignour.
Qui langue a, a Rome va,
ce dit li vilains.

4 ie soil F*α* Se coile m. A   6 Et perte i ai gr. A

185. F*α* 185   A 78

Con proudon que cil soit
Qui conbatre se doit,
Ice sai bien sanz faille,
Ne doit blasmer autrui,
Se honte ne enui
A ëu en bataille.
Qui brais a en cuve, ne doit blasmer autrui cervoise,
ce dit li vilains.

1 kaucuns soit A   3 I. set b. F*α* Bien sai de fi s. A
5 h. et grant anui F*α*   6 eu en la b. F*α*   7. Q. braies F*α*
Ki brez a A

186. F*α* 186   A 79   F*β* 7   H 4   D 4

D'un pere et d'une mere
Naissent souvent tel frere
Dont guerre sourt et muet;
Li ainznez a l'enour,
Puis partist au menour
Dou noauz que il puet.
Qui ainz naissent, ainz paissent,
ce dit li vilains.

2 te f. F*β* dui f. H N. deus freres D   3 g. naist et A
Dount surcsourt et mort D   4 a sonnour F*α*   5 P. part il F*β*
Et p. H   6 Dou pire se il A Al meins ki il poest a tort D
7 a. naist a. paist AF*β*HD

187. Fα 187 A 80

Qui fait ce que il doit,
Ou que ses amis soit,
Touz tens li doit plaisir. ·
Se il bien ne puet faire,
Le bien en doit retraire
Et le mal doit taisir.
Bone parole bon lieu a,
ce dit li vilains.

4 Cil bien ne li p. plaire Fα   6 Le m. en doit A

188. Fα 188 A 81

Li hon est fous näis
Qui done son päis
A son fil ne sa terre,
Tant con tenir la vueille;
Car li fiz s'en orgueille,
Si fait son pere guerre.
Qui mieuz aime autrui de soi,
au molin fu morz de soi,
ce dit li vilains.

2 d. a son Fα   3 Ne son Fα   5 fiex Fα fols A   6 Sen
f. A   7 ainme de soy A. m. f. m. de soyf Fα

189. Fα 189 A 82

Ne voi ne fol ne sage,
Tant ait le cuer volage,
Tant aint deduit estrange,
Qui demanois nel laist,
Tantost con li desplaist

Et son corage change.
Biaus chanters enuie,
ce dit li vilains.

3 Ne le coraige estrange F*α*   4 d. nellait F*α*   5 Si tost
com lentrelait F*α*   6 Et son uoloir li ch.   F*α*   7 De bel contenir
sauoie on A

190. F*α* 190   A 83

Quant j'ai d'aucun regart,
Au mieuz que puis me gart,
Que je par lui ne muire;
Mais cil qui nuit et jour
Est o moi a sejour,
Me puet grever et nuire.
Ja ne verrez si mauvais larron con le privé,
ce dit li vilains.

1 iai aucun F*α*   4 M. qui et n. A   7 Jamais n. v. si
mal l. come A

191. F*α* 191   A 84   F*β* 4   H 1

Sages est entresait
Cil qui amer se fait
Et bien est reclamez;
Cil rest morz et träiz
Qui de ceus est häiz
De cui doit estre amez.
Bien a sa court close, cui si voisin aiment,
ce dit li vilains.

3 Et en b. r. A En biens est F*β* Et qui est r. H   4 Cil est
F*α*F*β*H   5 Q. est de ceus h. F*β*   6 Dont il AF*β*H   7 a son
cort close qui ses uoisins aime F*β* qui son uoisin aime H

192. Fα 192 A 85

Quant chose est renomee
Par päis et crïee,
Lors fait grant de petit
Cil qui la chose het;
Et cil qui mains en set,
C'est cil qui plus en dit.
Li lous n'est pas si granz come on le crie,
ce dit li vilains.

1 ch. r. Fα 2 Est par p. alee Fα 3 L. font dou grant p. A

193. Fα 193 A 86 Fβ 66 H 24

Ne cuit pas que dieus vueille
Que povres s'enorgueille;
Mais chascuns endroit soi
Esgart selonc son estre;
Car ne pueent pas estre
Tuit ne conte ne roi.
Qui n'a cheval, voist a pié,
ce dit li vilains.

2 p. trop sorgueille AH 3 chascon Fβ 4 E. mlt bien
s. FβH 5 Nous ne poons tout e. A Nos ne poons pas FβH
6 Ou duc ou c. ou r. A 7 ch. si v. AFβH

194. Fα 194 A 87 Fγ 8 Fβ 32 D 28

Cil qui tout le suen boule
A ses mains, a sa goule,
Va puis querant son pain;
Car se il nel queroit,
A estrous enfleroit

Et de laste et de fain.
Vente et pluet, va cui estuet,
ce dit li vilains.

1 ki suen D   2 O s. m. o s. AFβD De s. m. de s. Fγ
3 Puis vait q. Fγ Puis uait querre FβD   4 sil ne le q. AFγFβ
Qui si il nul q. D   6 De laste et d. f. A De la l. (teste Fβ)
de f. FγFβ De mesaise et D   7 V. ou plueue A pluet a qui
est oes Fβ plet vet ki estet D

195. Fα 195   A 88

Cil qui grant mesprison
A ëu en prison
De fain et de torment,
Quant aucuns hors l'en boute,
Durement crient et doute;
Lors se tient sagement.
Eschaudez iaue crient,
ce dit li vilains.

1 Cil qua A   3 Grant f. et grant t. A   4 Q. chascuns
Fα Qui arriere le b. A   6 Quil ne rait ensement A   7 E. aigue
boulant c. A

196. Fα 196   A 90

Li ome sont nonper;
Chascuns done a son per
Pour avoir guerredon;
Cil encontre li done
Et bien li guerredone
La bonté de son don.
Donant et prenant sont fille et mere bien,
ce dit li vilains.

3 Et atent g. A   7 sont fil et mere Ce Fα Meres et filles
donnans et prendans sont amies A

197. F*α* 197   A 91   D 49

Fous hon de petit gront
Et bien trestost respont,
Quant aucuns le menace.
Mais au sage ne chaut
C'on die bas ne haut,
Mais touz tens son prou face.
Tuit dit se laissent dire,
ce dit li vilains.

1 Bons h. d. p. grout D   2 Et mlt tr. A Tost respount
cum estout D   3 Q. aukes le D   4 nen chaut F*α* neschaut D
5 Que die A Ki die D   6 Mais que il s. A M. touz dis s. D
7 dire et tout pain mengier AD

198. F*α* 198   A 92   D 52

Fous dit tost tel folie
Dont on si le colie
Qu'après l'en estuct tondre.
Mais li sages se taist;
Teus chose li desplaist
Dont il ne veut respondre.
Mieuz vaut bons taires que fous parlers,
ce dit li vilains.

1 tost sa f. A F. fest t. tele f. D   2 le manie A D. len
si lie c. D   3 Que a. lestuet A Ki a. se esteut t. D   5 Tel
F*α*D desplait F*α*   6 il nose r. AD   7 bons taisirs A t. ke
trop parler D

199. F*α* 199   A 141   F*γ* 25   F*β* 9   D 24

Quant je voi a cez festes
Et de dras et de bestes
Faire si grant barat,

Donc sui je plus iriez
Et plus mal atiriez,
Quant n'ai dont les achat.
Mui de froment a denier, dolent celui qui ne l'a,
ce dit li vilains.

1 uois a ses Fα 3 granz baraz Fβ barate D   4 irez
FαD Tant AFγFβD 5 atournez Fα Dolenz et corouciez Fγ Mariz
et coroucez D   6 d. riens a. Fγ dount jeo lachate D   7 Qui
m. de f. a a d. Fα M. de ble Fγ Muie D dener alas dolent ki ne D

200. Fα 200   A 94

Qui honte fait autrui,
Sa mort et son enui
Pourchace, et dit qu'il monte,
Quant sa vie a rescousse;
Mais a la parestrousse
En vient il a grant honte.
A tel marchié tel vente,
ce dit li vilains.

201. Fα 201   A 93   Fγ 15   Fβ 8   H 5   D 36

Uns hon toute sa vie
S'entremet de clergie
Et en pris s'en veut metre,
Et mout s'en fait delivre,
Qu'il ne savroit escrivre
Soulement ptroupt en letre.
Ne sont pas tuit chevalier, qui a cheval montent,
ce dit li vilains.

1 Mains AFγFβ (.)uns H Meint houme D   2 de folie Fγ
de mestrie H   3 Nen pris ne sen Fα se veut AFβ En pris se
uelt D   4 deliures FαFβ Si sen (se D) f. m. deliure AD Et .I.

6*

clers de clergie H   5 Ne s. mie e. A Nonques nen (ne Fβ) sot
e. FγFβ Qui en tote sa vie H Si ne set neins e. D.   6 S. une
l. Fα S. trop en l. Fγ S. tropt en l. Fβ Ne savra une l. H Wn
soul mot prod en l. D   7 p. tout ch. cil qui A p. tuit ch. Cil
qui a ch. uont H ki sour ch. m. D

202. A 2   Fγ 1   Fβ 1   D 2

A grant folie entent,
Qui dous choses enprent
Et nule n'en achieve.
Savez qu'il en desert?
L'une pour l'autre pert
Et soi mëisme grieve.
Entre dous seles chiet cus a terre,
ce dit li vilains.

3 ne a. D   6 meismes FγD   7 ch. li c. Fγ cul Fβ deus
arcouns D

203. A 9   Fγ 31   Fβ 42

Sa feme et son serjant
Et son petit enfant,
S'avient que il foloit,
Pour son talant abatre
L'estuet ferir et batre,
Tant que chastiiez soit.
Buer a son verjant, qui chastie son enfant,
ce dit li vilains.

1 Saucuns a son enfant A (. . . .)e et *Anfang weggerissen*
Fγ Se f. a son siuant Fβ 2 Son parent ou sergant A   3 Se
cest q. A Sel uelt que Fβ 4 De s. AFβ 5 Le doit on et
bien b. A Le doit et souent b. Fβ 6 Ains con ne le chastoit
A Ainz que bel le chastoit Fβ 7 Bon a Fγ qui en ch. Fβ

204. A 18　H 31　D 77

Cil qui est coustumiers
De mentir volentiers,
Pour nïent s'afiance;
S'il te fait serement,
Onques ne t'i atent
Ne n'i aies fiance.
Qui foi ne tient, ne serement,
ce dit li vilains.

3 Ne pren pas sa f. H Pur mentir safiaunce D　5. Wnc
ni ti a. D　　6 Plus quen une arse granche H Ne plus ke arse
grache D　　7 Cui il ne tien foi non fet il s. H

205. A 26　Fβ 19　D 16

Pou vaut sens ne prouece
En ome sanz richece;
Tant le voi je en ses flours,
Come il a que despendre;
Et quant il n'a que prendre,
N'a ami ne secours.
Veue dame n'a ami,
ce dit li vilains.

1 Il nest s. A sens sanz richece Fβ　　2 En h. ne proece
Fβ　　3 le voie en AFβ Quant il est en D　　4 Quant il nen a
q. prendre A Cum il nad ke prendre D　　5 Et q. na q. des-
prendre A E quant il nad ke despendre D　　6 Nad amis D
7 Deue dame est senz seingnour D

206. A 36

Mauvaisement conqueste
Cil qui tout le suen preste,
Ne set prou conquester;

Car de tout le deçoivent,
Si tost come aparçoivent
Qu'il n'a plus que prester.
Qui espant sa goute, ne la requeut toute,
ce dit li vilains.

207. A 40

Nus ne doit trop grant joie
Mener pour rien qu'il voie,
Coment qu'il li aviegne,
N'en dolour trop entendre;
Si doit la chose enprendre
Qui a raison le tiegne.
De tout est mesure, fors de sa feme batre,
ce dit li vilains.

2 por riens

208. A 41   Fγ 35   D 48

Li hon plains de grant ire
Se confont et enpire;
Mais puis se rasouage,
Si con s'ire remaint,
Et son talant refraint
Et tenpre son corage.
N'est si chauz, ne refroit,
ce dit li vilains.

1 Li bons houmes pl. D   2 Sei c. D   3 M. apres sassoage
A se resuage D   4 sire refraint A Si cum il r. D   5 Et ses
talens remaint A   6 Et temple Fγ   7 ne refroide A chaut
qui ne refroide Fγ chaut ki il ne refreit D

209. A 57   D 55

Gastee et entreprise
Est terre sanz justise.

Princes qui par valour
Defent que on ne l'arde,
La vie tense et garde
A mout d'omes le jour.
Ou chat n'a, souriz i revelent,
ce dit li vilains.

1 Gaustee D   2 En t. D   4 Desfent A ke lum ne D
5 Sa vie D   6 A mil honmes D   7 chas A reuele A Ou
chat nen ad sorices r. D

210. A 89   D 63

Se riches est vilains
Et se ses sire a mains,
Si soit de prendre engrès,
Touz tens le contralie;
Ja puis jour de sa vie
N'avra desouz lui pais.
Mal partir fait a seignour,
ce dit li vilains.

2 Et ses sires a A E si sires ait m. D   3 s. del pr. D
4 Tout t. D   6 Vers lui naucra p. A   7 fait agueule ce A
fest au s. D

211. A 98   F β 30   D 69

Puis que chaitis sourpuct
Plus chaitif, n'en estuet
Parler; quant l'a sourpris,

Ja merci n'en avra
N'avoir ne la savra,
Car il ne l'a apris.

Dolente la vile qu'asniers proie,
ce dit li vilains.

1 cheitiffs me estuet D   2 Pl. chaitis A Pl. garoz Fβ Pl.
cheitiffs ne estuet D   5 ne le s. A Nennorer nel s. Fβ Ne
aueir ne se s. D   7 v. qui a son seignor proie A asniers porvoit Fβ D. est la v. ke asniers preieient D

212. A 117   Fβ 55   D 53

Quant jou ai robe nueve
Et aucuns la me rueve,
Mout l'ain, quant l'ai premiere;
Mais au tierz jour m'enuie,
Au vent et a la pluie
La met, ja tant n'iert chiere.

De novel tout est bel, et de viez entre piez,
ce dit li vilains.

1 Se iou A Q. ge Fβ neve robe D   2 Que a. hon me
trueue A Et aucon Fβ me rove D   4 men annuie D   6 ia
taunt niert cher D   7 tout mest b. et de viel A tout bel et de
veuz D

213. A 134   Fγ 34   D 47

Mainz hon est de tel hait
Que, quant aucuns li fait
Chose qui li desplace,
Lors en jure et rejure
Et sa voe parjure,
Menace et remenace.

Menaces ne sont pas lances,
ce dit li vilains.

1 Meint houme D   2 Quant aucuns li mesfait A Q. q. li
hom li Fγ Q. q. aukes li faut D   3 desplaise D   4 Lors jure
A Lores jure D   5 sa voie A Pariure et repariure Fγ sa uoee
et D   6 et remace Fγ   7 Trop puet on menacier A Manaces
vivent et decolez murent D

214. A 143

Onques jour brabançons
Ne fui, ne chanpions,
Ne ne serai ja mais;
Ne vueil hardement faire
Qui me tourt a contraire,
Mieuz ain je vivre en pais.
Bon chatel garde, qui son cors garde,
ce dit li vilains.

215. Fγ 3   D 6

Il n'est sens ne prouece
En ome sanz richece,
Souvent l'avons vëu.
S'or revenoit Macrobe
Vestu de povre robe,
Pour vil seroit tenu.
Tel te voi, tel t'espoir,
ce dit li vilains.

1 Nest D   4 Si ci venist D   5 E eust p. D   6 Mal
sereit coneu D   7 tel tespon Fγ Tel te veie tel te espeir D

216. Fγ 1 2

Fous est, qui trop se fie
D'entrer en la folie
Dont il est eschapez;

Car trop fous hardemenz
Li met tel frain aus denz
Dont il iert atrapez.
Tant va li poz a l'iaue qu'il brise le col,
ce dit li vilains.

4 fol hardement   5 au dent   6 il est a

217. Fγ 23   Fβ 38   D 92

Mainte dame, ce cuit,
Va a son dru par nuit
Sanz crieme et sanz freour,
Pour son seignour n'iroit
Jusqu'a l'uis de son toit,
Ainz dit qu'ele a peour.
Plus tire cus que corde,
ce dit li vilains.

1 d. ie c. Fγ d. vait ceo D   2 Vient a Fβ A soun D
3 Sanz ire et Fγ Fβ S. crime D   4 P. s. mari ne D   5 Treske
achef de D   6 Et dit quel a Fβ A. dist ki ele D

218. Fγ 24

Quant fous par nonsavoir
A perdu son avoir,
Lors dit, quant est passez:
‚Dieus, garder nel savoie;
Mais se je le ravoie,
Touz tens avroie asez'.
Tart main a cul, quant pez est hors,
ce dit li vilains.

3 dist

219. Fγ 29 D 41

Mainz hon par aventure
Est riches sanz mesure
Plus que nus de sa rue;
Mais puis li recourt soure
Aventure en pou d'oure,
Qui de ce le remue.
De si haut si bas,
ce dit li vilains.

1 Meint houme D   3 Sour touz ceus de D   4 li court D
6 le trestourne D

220. Fβ 37 Fβ¹ 90 H 13 D 103

Une dame conois,
Auques me tient pour mois,
Quant la tieng en mon lit,
Qui me met a bandon
Une espane de con
A dous doic de vit.
De petit aguillon point l'on grant asnesse,
ce dit li vilains.

1 Tele d. Fβ Tel d. c. Fβ¹ (.)einte d. ai ueue H U.
dema D   2 Donc ge me tieg p. Fβ Qui me tint un m. Fβ¹
Deschauce tote nue H Aques m. t. p. muus D   3 Lautrier en
son l. Fβ¹ Soer dedenz son l. H   4 me uient a Fβ Plain
espan de con Fβ¹ Qui metoit a H   5 Plain esp. Fβ Me
mist a bandon Fβ¹ Pleine paume de H Wne espande de D   6 *nach*
vit: l'or ce sil est petit Nen doit auoir despit Roine ne contesse
Fβ¹ A trois d. H   7 point on Fβ Que de p. a. point len
bien g. Fβ¹ a. chace len g. D

221. Fβ 39 D 110

Mainte dame souvent
Prent deniers et argent
De la main son seignour,
Car el les veut doner
A un bon bacheler
Pour mieuz avoir s'amour.
Pitiez de cul trait lentes de chief,
ce dit li vilains.

1 M. feme s. Fβ   2 dener D Ai ueu prenre a. Fβ   3 En
la Fβ   4 Kar ele les D Quel donoit au danzel Fβ   5 Qui li
batoit lenel Fβ   6 Et par nuit et par ior Fβ   7 Plus tire cul
ki corde D

222. Fβ 40 D 66

Grant mal fait a estrous
Couvoitise a plusours,
Si ne s'en gardent mie:
Tantes choses enbracent
Dont puis ne se deslacent
En trestoute lour vie.
Qui tout couvoite, tout pert,
ce dit, li vilains.

1 Quant m. fount D   2 Si ne gardent prouz D   3 Li
bachilers leger D   4 Ki tauntes D   6 De tel encumbrer D

223. Fβ 41 H 14 D 65

Bien ai aparcëu
Que de don recëu
Guerredon en doi rendre;

Car donant et prenant
Sont ami parissant
Et ont touz jourz que prendre.
Bontez autre requiert, et colee sa per,
ce dit li vilains.

1 (.)ien est aperceuz H   2 Qui d. d. receuz H Ki de D
3 en doit r. H Guerdoun deit lem prendre D   4 donanz et
prenanz Fβ D   5 ami et parenz Fβ a. et parent H Sount auns
parisaunz D   6 Et uont toz Fβ Et sunt tor iors ensemble H
E nient toudis p. D   7 requiert ce dit Fβ Bonte autri garde et H
Bounte D

224. Fβ 51

De ce sai bien la some:
Sire fait de son ome
Mal pas a eschalier.
Sour son ome charrie,
Ses filles enmarie,
Son fil fait chevalier.
De mëisme la terre fait l'on le fossé,
ce dit li vilains.

1 ce sait bien   4 Sor ses homes   6 Ses filz   7 De
meisse la

225. Fβ 64   D 80   D¹ 104

Dame qui veut andouille,
Petiz viz la chatouille,
Le cul pou li escaise;
Mais quant sent tel bouzon
Qui li hurte au poumon,
Lors dit qu'ele est a aise.
Qui bon morsel met en sa bouche,
bone novele envoie a son cuer,
ce dit li vilains.

1 qui het a. F*β* ki veit D¹ 2 Petit vit F*β*DD¹ ki la
coille D 3 Le cumpeil li esquase D Ne quit ki point li plaise
D¹ 4 *was hinter* quant *stand, mit Tinte bedeckt* F*β* Ki tel li
met al coun D quant ele sent tel bogon D¹ 5 *was hinter* hurto
stand, mit Tinte bedeckt F*β* Qui ert al pomouun D 6 que est
F*β* Si li fait greingnour aise D Dounc est ele a a. D¹ 7 nouele
enueit al quer DD¹

226. F*β* 65 H 23 D 108

Bourdons lechiere a court
Ne lo pas que sejourt
Ne mais dous jourz o trois;
Mais aut, si se pourchast,
Ainçois que l'on l'en chast,
Si fera que courtois.
Biaus chanters enuie,
ce dit li vilains.

1 (.)ns lechierres a H Or dun l. de c. D 2 Nest pas drois
quil s. F*β*H suriourt D 3 Plus de d. F*β*H 4 M. uoist si
se porchace F*β* M. aust et se H 5 len le chace F*β* que hon
len ch. H A. ki lem len ch. D 6 f. ki c. D 7 Quar beau
chanter F*β* Beau chanter H Bel chancer D

227. F*β* 67 H 70 D 107

Mainte dame orgoillouse
Ai vēu desdeignouse
De seignour de chastel,
Cui uns mauvais garçons
Entroit puis es arçons,
S'en faisoit son avel.
Enuious veint ne mie biaus,
ce dit li vilains.

1 A meinte D   3 Damer per de FβH   4 Puis uenoit
uns g. Fβ P. un poure garçon H   5 Montoit li es Fβ Li entroit en larcon H Entre pui et a. D   6 Por faire son Fβ Qui li
batoit lanel H Si en feit s. D   7 v. nient b. Fβ v. ne mie bel
H Enuious fut met le bel D

228. Fβ 68

Veez vous cez granz sales
Ou cez genz sont si pales?
Il n'ont dedenz que frire.
En petite maison
Done dieus grant foison,
Ç'avez bien öi dire.
Mieuz vaut bons petit que granz mauvais,
    ce dit li vilains.

6 oi bien dire   7 que grant m.

229. Fβ 69   D 83

Il sont genz de mestiers
Et de vis et de chiers,
Ne sont pas tuit d'un fuer;
Teus est biaus par defors
Et mout riches de cors
Qui povres est de cuer.
N'est mie tout ors quanqu'il luist,
    ce dit li vilains.

1 gent de D   2 et de fiers Fβ   3 tout de un quer D
4 est riches de cors D   5 riche cors Fβ mout bel par defors D
6 Qui est mauuais de Fβ   7 or Fβ or ke luist D

230. Fβ 76   H 27

Li hon qui putain prent
Tout a son escïent,

Bien doit estre chaitis;
Et s'ele li fait lait,
Il n'en doit tenir plait,
Car iluec s'est il mis.

A bon droit boit merde, qui en son puis la chie,
ce dit li vilains.

1 (.)ome qui pute pr. H   2 Trestot a esc. H   4 Que
sele H   6 Ilueques Fβ   7 boit la m. Fβ son poig la Fβ

231. Fβ 77   Fβ¹ 93   H 28

Teus prent a gabelet
Fermail et anelet
Qui a certes le rent;
Biaus li est li mestiers,
Sel fait mout volentiers,
Dont par la goule pent.
Tant va li poz a l'iaue qu'il brise,
ce dit li vilains.

1 Tel FβH gabelez H Cez petiz enfantez Fβ¹   2 Fremaus
et anelez H Amblent cez anelez Fβ¹   3 Et cez fermauz dargent
Fβ¹   4 *die Zeile mit Farbe zugedeckt* Fβ Tant lor plaist le
mestier Fβ¹   5 Si fet plus v. H Entre robe et denier Fβ¹
6 Donc Fβ Que par le col en pent Fβ¹   7 le pot H qui se
brise le col H

232. Fβ 78   Fβ¹ 94

Quant li leres est pris
Et el pilori mis,
Genz le vont esgarder;
Volentiers jureroit
Que ja mais n'enbleroit,

Qui le lairoit aler.

Conseuz ariere main n'est prouz,
ce dit li vilains.

1 lierres F*β* 3 Si le uont tuit ueoir F*β*¹ 4 Qui aler le
lairoit F*β*¹ 5 Volentiers iureroit F*β*¹ 6 Que iamais nenbleroit
F*β*¹ 7 Consels F*β* A tart met main a cul Quant li pez est
hors F*β*¹

233. F*β* 79

S'autre hon ma feme fout,
Et je truis le con tout
Si con devant i ert,
Fous sui se m'en äire
Ne duel en ai ne ire;
Cous en iaue ne pert.

De nïent se corrouce, qui nïent ne pert,
ce dit li vilains.

6 en aiue ne

234. F*β* 87

Dieus me gart ui mon sens
Et me doint tel pourpens
Dont je ne mesparol;
Tel chose me laist dire
Dont je ne soie pire
Ne ja tenuz pour fol.

Qui dit bien, ne dit mal,
ce dit li vilains.

235. F*β* 88

Nus hon qui tient enour,
Si ne doit träitour
Atraire en son päis;

Car se il l'i atrait,
Bien l'en puet venir plait
Et lui et ses amis.
Bacons mal salez en charnier enpire,
ce dit li vilains.

1 qui crient hennor   6 A lui a ses

236. Fβ 89

Fous est li usuriers
Qui preste ses deniers
En estrange päis;
Car se il i sourt guerre,
Il nes ose aler querre
Pour paour d'estre pris.
Mieuz vaut pres jonchiere que loing perriere,
ce dit li vilains.

7 loinz perere

237. Fβ 91

Pute bien vestue
Saut enmi la rue
Pour son cors moustrer;
Mais quant ele est nue,
Trop est reponue,
Si se fait celer.
Flaons chauz s'ensaigne,
ce dit li vilains.

1 Puste

238. Fβ 92

Maint ome i a, pour prendre
N'oseroit rien despendre

Ne faire enour autrui;
Quant siet a autrui table,
Si se fait conoissable
De doner entour lui.
D'autrui cuir large corroie,
　　ce dit li vilains.

2 riens　　5 connoistable

239. Fβ 95

Hon cui prestes ton gage,
Ne veut pas qu'on le sache
Ne qu'on se gat de lui;
Qu'a tel puet l'on prester
Son gage et demander
Qu'il li tourne a enui.
Il se sont maint ome, qui lour preste, si lour done,
　　ce dit li vilains.　　　　　　　・

1 Hons qui preste

240. Fβ 96

Il se sont maint tignous
Qu'ont les chiés dolerous,
Qui les descouverroit.

Que trop i a laide uevre;
Mout lour en peseroit.
Quant plus remuet on la merde, et ele plus put,
　　ce dit li vilains.

Z. 4 oder 5 *fehlt; als* 4 *etwa zu denken* Fous est qui (Ne
lo qu'on) les descuevre. *Für den Anfang möchte besser befrie-
digen* Il se sont maint hontous Qui ont les chiés tignous, Qui *u. s. w.*

7*

241. Fβ 97

Fous est qui met s'entente,
Tant que il se repente,
En juene ome mauvès;
Quant l'on plus le chastie,
Et il plus fait folie,
Sil voit l'on tout adès.
Qui a estront luite, de toutes parz enbrace la merde,
ce dit li vilains.

242. H 20

Se dieus me benëie,
N'est mie bien partie
Feme par la ceinture;
Car desus est tifee
Et peigniee et miree,
Par desouz est l'ordure.
Li uns bouzons fait l'autre vendre,
ce dit li vilains.

1 (.)e diex   3 Fame en par   7 Lun bogon

243. H 50

Ne cuit que pour richece
Puisse faire largece
Li mauvais hon avers;
Ausi ne cuit je point
Que ses hueses me doint,
Qui vent ses viez soullers.
Enviz me donroit l'uef, qui le festu en leche,
ce dit li vilains.

1 (.)e cuit   4 ne cui ge   7 festu enleque

244. H 53

Estrange conpaignie,
Qui bien pres i espie,
A entre cul et con;
Li conz en a le fruit,
La joie et le deduit,
Li cus n'a se cous non.
Privez mal achate,
ce dit li vilains.

1 (.)strange   4 Le con   5 et le duit   6 Le cul   7 Priue mal

245. H 59

Nus clers ne trueve en letre
Qu'on se doie en prametre
Trop fier ne atendre.
Car des que li dons targe,
Li aver sont plus large
Dou tenir que dou rendre.
Mieuz vaut uns ͵tien' que dui ͵tu l'avras',
ce dit li vilains.

1 (.)ul clerc   5 Li auers sunt   7 I tien que II tu laras

246. H 60

Le pel quiert dont se fiert,
Et sa honte pourquiert,
Qui trop sa feme alieve;
Car autre en fait son buen,
Et li gaste le suen,

Si le honist et grieve.
Qui de loing se pourvoit, de pres s'esjöist,
ce dit li vilains.

1 (.)e pel   4 son bone (e *blafs*)   6 Ce le   7 de loiz
se poruoit d. p. sesioit

247. H 61

Soi mëisme deçoit
Et damage i reçoit,
Qui trop felon enoure;
Car quant plus l'aime et sert,
Damages en apert
L'en vient en petit d'oure.
Oigniez a mastin le cul, il vous chïera en la paume,
ce dit li vilains.

1 (.)oi meimes dechoit   2 Et dom. i rechoit   5 Et domage en

248. H 62

Cil qui fait au menour
De mes omes enour,
Me moustre par provance
Que il est mes amis,
Si vous di qu'il m'a mis
Dou merir en errance.
Qui m'aime, si aime mon chien,
ce dit li vilains.

1 (.)il   3 Me moutre par essample

249. H 63

Errer doit o proudome,
Qui aler doit a Rome,

Car bon conseil i prent;
On aprent par usage
Mainte parole sage,
Qui a droit i entent.
Qui a proudome parole, si se repose,
ce dit li vilains.

1 (.)rrer   4 On i prent en u.   7 preudome parle

250. H 64

Maint baron de haut pris
M'ont mainte foiz pramis
Tant dou lour pour atendre
Que j'estoie touz liez;
Puis estoie corciez,
Quant je failloie au prendre.
De bel prameteour mauvais paieour,
ce dit li vilains.

4 tot liez   6 failloie aprendre   7 prameteur m. paieur

251. H 69

Sages est, qui esploite
Ce que il plus couvoite
Tenir et asomer;
Et cil est forvoiiez,
Qui trop s'est esloigniez
Sanz aviron en mer.
Entre fol et sage a grant devise,
ce dit li vilains.

1 (.)ages   2 coucite   4 est renoiez

252. H 71

Quant hon a tant haucić
Un ome et eshaucić
Qu'il est baillis le roi,
Lors mesdit et mcsfait,
Tant qu'aucuns li refait
Conparer son desroi.
Pour bon seignour grosse colee,
ce dit li vilains.

1 (.)uant   3 baillif

253. H 72

Cil qui bon seignour trueve,
Sel conoist et esprueve
Et aint sa conpaignie,
Fous est, qui s'en esloigne;
Mais serve sanz essoigne,
Si ne s'en mueve mie.
Qui bien est, ne se mueve,
ce dit li vilains.

1 (.)il

254. H 73

L'en ne prise pas ome

*Der Vers, dessen erster Buchstabe nicht ausgeführt ist, bildet
den Schlufs eines Blattes; weiteres fehlt.*

255. D 81

Mout est buens acointiers
De clers, de chevaliers,
Ce sachiez, trop est voir;

En un lieu a ester
Ne puet nus conquester
Granment pris ne avoir.
Trop puet l'on garder le perier son aiuel,
ce dit li vilains.

<pre>
  1 bon   3 trop veir   4 En nul liu arester   5 puet nul
c. 6 pris saunz aueir   7 garder le pilier soun aiel
</pre>

256. D 82

Qui volentiers sejourne,
A nul pris ne li tourne,
Mains en vaut par droiture;
Qui va et ça et la,
Mainte foiz prou i a
Et mieuz en vaut souvent.
Qui va, leche; qui siet, seche,
ce dit li vilains.

6 E meuz en ad s.

257. D 84

Teus a or grant renon
Qui dedenz sa maison
Mout laschement se vit;
Se dieus me benëie,
Tant de mal ne ra mie
En plusours con l'en dit.
Li lous n'est mie si granz con l'en l'escrie,
ce dit li vilains.

1 Tels ad hors   4 E si deu   5 ne irramie   6 cum
lum dun

258. D 88

Qui son ami descuevre
D'aucune vilaine uevre
Qu'il a faite vers lui,
Lui et as suens fait honte,
Se il a tant li monte,
Sil trueve a enemi.
Qui son nes coupe, sa face desenoure,
ce dit li vilains.

1 Kui s. a. descure   3 Sil ad fest v.   4 Luie et assens
fest   5 Sil   6 Qui il li treve ad

259. D 89

Fai ce que tu savras,
Si ne te faire pas
De ce que ne ses, baut;
Ce qu'on cuide souvent
Savoir veraiement,
Par aventure faut.
Mieuz vaut savoir que soz paroir,
ce dit li vilains.

1 Fai ki tu saueras   3 Desque   4 Ce ki houme quide
s.   5 Saueir ver aiment   7 Menz v. s. ki soz perier

260. D 90

J'ai vëu maint serjant
Qui se faisoit vaillant
De mangier achater;
S'il venist a Paris
Querre pain blanc o bis,

Nel porroit il trover.
Qui fol envoie en mer,   n'avra poisson ne el,
    ce dit li vilains.

1 Ieo ai veu meint s.   2 feseit mult v.   6 Nel purreit
7 fol enveit en m. nauera

261. D 91

Maint ome ai je vëu,
Des que il ot perdu,
Qui ne voust mais jouer;
Ausi avient souvent
Que feme se repent
De soi despuceler.
Tart est mains a cul, quant li pez est hors,
    ce dit li vilains.

1 ai veu   2 oult perdeu   3 ne volt   5 Qui   7 main
al cul quant le pet

262. D 93

L'en puet bien par usage
Faire le chat si sage
Qu'il tient chandoile ardant;
Ja n'iert si bien apris,
Se il voit la souris,
Qu'il n'i aut maintenant.
Mieuz vaut nature que nourreture,
    ce dit li vilains.

3 Qui il tent   5 Sil veit la soriz   6 Qui il

263. D 94

Maint proudome vaillant
Ai vëu coup sofrant,

Nel voust a touz moustrer;
Se il sa feme escrie,
Tant iert graindre folie,
Si s'en fera hüer.
Con plus esmuet on la merde, et ele plus put,
ce dit li vilains.

3 Nel vout   5 Taunt .i. ert   6 Si sen frad   7 pl.
esmuet la m. e ele pl. puet

264. D 95

Nule franche pucele,
Tant soit gente ne bele
Ne de clere façon,
Ne doit ome desdire
Ne vieil ome despire
Par droit ne par raison.
Vieuz roncins fait juene poutre poire,
ce dit li vilains.

7 Kar viel runcin f. joefne puldre peire

265. D 96

Ne doit nus refuser
Marchié 'ne achater
Pour petit gaaignier;
Car menu et souvent
Puet l'on mui de froment
Un et un grain mangier.
Petiz gaainz est biaus, quant il vient souvent,
ce dit li vilains.

2 Marche achater   7 Petit gain est bel

266. D 97

Fous est, qui sour chemin
Comence son jardin
Sanz mur et sanz roion;
Car i jeteront tuit,
S'en porteront le fruit;
Chascun iert a bandon.
Mieuz vaut pres jonchiere que lointaine perriere,
ce dit li vilains.

3 saunz reoun   4 Kar .i. getterount   5 Si en aportent
le ſ.   6 Checuns a baundoun   7 Meuz v. uingiere ki loin-
taingne priere

267. D 98

Cil cui cent marc d'argent
Sont doné pour nïent,
Pour quoi nes despendroit?
Se trop en est aver,
Bien l'en doit l'on blasmer,
C'est jugemenz a droit.
Que vient legierement, soit doné largement,
ce dit li vilains.

1 A qui cent mars   3 ne desp.   5 lem deit bl.   6 Ceo
est jugement   7 Quant vent

268. D 99

Li vilains ot mangié
Dou pain mal saacié,
Trop i ot de la paille;
En dent tel dolour ot,
Onques dormir ne pot,

Par tant rescoust s'aumaille.
Mieuz vaut paille en dent que nïent,
ce dit li vilains.

2 mal saecie   4 dent del dolour   6 Par taunt recust sa
maille   7 dent ki nient

269. D 101

Ne devroit refuser
Petit ome a amer
Rëine ne contesse;
Car ce dit Salamon:
D'un bien petit tronçon
Se fait liee barnesse.
De mains se crieve hon l'ueil que d'un chevron cornier,
ce dit li vilains.

5 Dun ben gros trunchon   6 Se fait le b.   7 crieue
houme le oil qui de vn cheueroun c.

270. D 105

Sour toutes bestes mues
Qui quierent lour manjues,
. Muet cornaille plus main;
Toute jour se pourchace,
Ne voit qui bien li face,
Au vespre muert de fain.
Con plus main lieve li malëurez, plus a lonc jour,
ce dit li vilains.

1 bestes muers   2 lor mangers   7 Cum pl. m. leue l
malure plul long iour

271. D 106

A la bouche dou four
A souvent grant chalour
Et si n'i croist point d'erbe;
Desouz blanc vestement
A maint noir trop pullent
Et qui ja n'iert sanz merde.
Qui a estront luite, conchiiez s'en part,
ce dit li vilains.

1 der for
.1. ert saunz m.
5 Ad meint neir tr. puillent
7 luit cunchie senpart
6 Qui ia ne

272. D 109

Povres qui se demente
De nueve chaucemente,
Qu'il ne la puet avoir,
Doit a la vieille tendre;
Qui li done sanz vendre,
Buen gré l'en doit savoir.
Qui lait n'a, megue manjust,
ce dit li vilains.

1 Poures se desm.
ele li donist sauns
3 Qui il
7 mesge
4 Qui ad la uiele t.
5 E

273. D 111

Teus fait ome grant bien
Et done mout dou sien
Qui malement l'enploie,
Si sont des dames mout
Que autres lour con fout

Que cil qui les conroie.
Tel la menez, tel la prenez,
ce dit li vilains.

1 A tels f. houme   2 mout de suen   3 lenplie   5 Qui
7 tella pernez

274. D 112

Plusour vont outre mer
Le sepulcre aourer
Et damedieu proiier;
Ainz qu'il soient venu,
Ont lour femes foutu
Et gasté maint denier.
Mal est bailliz, qui a ses noces n'est,
ce dit li vilains.

1 Plusours   3 E damnedeu prier   4 A. ki il   6 E
gauste m. dener   7 bailli ki ases nuces

275. D 113

Qui veut avoir bon livre,
Fous est, sel fait escrivre
A tel qui ne voit goute;
Ausi est fous o fole,
Qui gaste sa parole
La ou nus ne l'escoute.
Vil a s'alleluie, qui au cul dou buef la chante,
ce dit li vilains.

2 est ki le fest   5 gauste   6 Ou nuls   7 Wile ad
soun allelua

276. D 115

Fous est par saint Mahieu
Hon qui trop en un lieu
S'areste ne s'apuie;
Tant come il est noviaus,
Si est ses estres biaus;
Quant vieuz est, si enuie.

De novel tout est bel, et de viez entre piez,
        ce dit li vilains.

1 seint machu   2 Qui trop   3 ne apuie   4 est novel
5 soun estre bel   7 tout bel de ueus

277. D 116

Mainte dame ai vëue
Qui bien estoit vestue
Et de vair et de gris,
Qui pas tele n'estoit
Come ele me paroit
Ne el cors ne el vis.

Desouz chemise blanche   a mainte brune hanche,
        ce dit li vilains.

5 ele parreit

278. D 117

De dame enprisonee,
Quant est estroit gardee,
A l'on souvent faus oir.
Ne puet a chevalier
Parler n'a escuier;
Ce prent que puet avoir.

Pour soufraite de proudome si met l'on fol en banc,
        ce dit li vilains.

1 Dame enpr.   5 Parler ne deduier   6 Ceo pr. ki p.

279. D 118

Cil cui l'on feme fout,
Quant il recuevre tout,
Sa feme pour quoi het?
Fous est, s'il en a ire,
Quant de rien n'en enpire
Fors tant que il le set.
De ce qu'on ne puet amender,
ne se doit l'on pas trop doloir,
ce dit li vilains.

1 Cil ki len   2 recoure tout   5 ren ne enpire   6 taunt
ke len se set   7 De ceo ki ne   7 trop doler

280. D 1

Ici a dou vilain
Maint proverbe certain;
Ne n'ait nus le respit
Dou vilain en despit;
Tout l'entent autrement
Que li fous ne l'entent.
Sages hon prent mouton en lieu de venoison,
ce dit li vilains.

6 Qui li   7 Sages houme p. motoun

Anmerkungen.

8*

Anmerkungen.

1₃ Zu *l'autrui* ergänze *manaie*.

₄ Ein Beispiel von *soi priembre* ,sich ducken' giebt Godefroy unter *preindre*.

₇ Leroux II 292, 393, Belege aus französischen Dichtungen bei Godefroy unter *souratendre*. Erklärungen in lateinischen Versen bei Meyer S. 173, bei Zacher 10; vgl. *vulgare proverbium est, quod non nimis exspectatur, cum aliquid, quod bonum est, exspectatur*, lateinische Predigt bei Hauréau, Not. et Extr. de quelq. msc. IV 240.

2₇ Mit Übersetzung in einem Hexameter bei Zacher 269; wenig abweichend *malement se covert* (l. *se cuevre)*, *a qi le dos piert*, Leroux II 391. — Die hier gegebene Deutung des Sprichworts ist wohl nicht ganz zutreffend, gewiß nicht die einzige statthafte.

3₁ Ob Godefroy unter *engolé* unsere Stelle richtig versteht, ist mir zweifelhaft; daß die vornehme Frau ,geschmückt' sei, thut nichts zur Sache. Eher möchte man denken, *engoulé* heiße hier ,eßgierig' (nämlich unter gewöhnlichen Umständen) oder allenfalls ,gefüttert, gespeist'; doch kann ich diese Bedeutungen nicht nachweisen.

₄ *par grant dangier* heißt hier ,unlustig, widerstrebend'. Man kann seltsam finden, daß der nämliche Ausdruck dies und ,nach Herzenslust', also ,reichlich' bedeuten darf *(prist a mengier Des viandes par grant dangier, Car il en avoit a foison. Sagremor por sa garison Boit et manjue richement,* Claris 9627); aber *dangier* ist eben ,Willkür, freie Verfügung', die gleich gut im Thun wie im Lassen sich bethätigen, Lust wie Unlust sein kann.

₇ *Prima sapit panem, sed pastam tercia mica* bei Zacher 59. *Quant tierce mie set le paste, Qui des peciés faire se haste, N'a mie grant pité de lui*, VdlMort 237, 1. Den gleichbedeutenden zweiten Spruch der Hds. F α, den Leroux I 110

aus späterer Zeit nachweist, findet man bei Zacher 73 in zwei Hexametern wiedergegeben; in französischer Fassung einer lateinischen Predigt einverleibt, begegnet er bei Hauréau a. a. O. II 279.

4₄ ‚Sie will, daß er ihr das Handwerk lege, sie in ihre Schranken zurückweise‘, d. h. sie hat das zu erwarten; sie thut, was dazu führen sollte. *entreprendre* (= *intercipere*, Voc. Duac. 117 a) heißt ‚packen, fassen‘. Hier ist *prenge* durch den Reim geschützt, 107 *praigne*.

₇ Zu den Belegen für den französischen Spruch und den Nachweisen für lateinische Nachbildung oder Auslegung, die bei EVoigt zu Fecunda ratis 7 beigebracht sind, füge ich noch Roi de Cambrai in Œuvres de Rutebeuf I¹ 443, Ren. 8578 (Martin Va 600), Dité de verité bei Jub. NRec. II 87. GParis sagt im Journ. d. Sav. 1890, 570, daß der unmittelbare Sinn des Spruches nicht völlig klar sei.

5₂ *prendre* mit *marchié* als Objekt, wie mit *guerre, tournoi, jouste, estrif, plait, droit, parlement, amour, compagnie,* wobei es sich überall um ein Thun, Anerbieten und Annehmen zwischen zwei Parteien handelt; vgl. *Tel marchié prent, qui tel l'achate,* Ruteb. II 31.

₅ *Se c'est que l'escondie* = *se l'escondit,* beliebte Umschreibung: *Se c'est que femme vos die ‚Je vos aim‘, nel creez ja,* Bartsch Chrest.⁴ 338, 27; *Et quant c'ert que mengier voloit, A none, si comme il soleit, Menjout,* SAlex. R 41, s. Zts. f. rom. Phil. II 145 zu 2753.

₇ *On n'abat pas lo chane au premier coul* mit Wiedergabe in einem Distichon bei Robert 82; in gleichem Wortlaute wie in unserm Texte steht der Spruch in einer lateinischen Predigt bei Hauréau IV 55. Vgl. *Vous savés bien qu'au premier cop Ne cope l'en mie le chesne,* Rose 4024; *Au premier cop li kaisnez, che dist on, ne kiet mie,* BSeb. V 666; *A un cop ne kiet pas li caisnes,* Du Garçon et de l'Aveugle, Jahrb. VI 168, 103; *du premier cop on n'abat point le quesne,* Cte d'Artois 161. Führt Leroux II 273 aus dem sechzehnten Jahrhundert den Spruch ungefähr gleichlautend vor, so findet man dagegen eb. II 387 in der alten Cambridger Sammlung *A. pr. c. n. ch. p. l'arbre,* und dasselbe gewährt Clef d'am. 792.

6₅ Das Verbum, das auch Str. 225 im Reim zu *aise* begegnet, macht Schwierigkeit. Kommt ihm doppeltes *s* zu, das ihm einige Handschriften geben, und ist somit der Reim entweder ungenau oder nur in engeren Grenzen befriedigend, wie *mise: repentisse* Str. 59? Und was heißt es? Weitere Stellen, wo es vorkäme, als die bei Godefroy unter *escasser* zu findenden und die beiden unseres Gedichtes sind mir nicht bekannt. Bei Watriquet, wo man liest *Se le degré* (die dreizehnte Stufe, wo *Soufisance* wohnt) *pues esqua[i]sier, D'avoir te fera apaisier*, scheint es ,ersteigen, betreten' zu bedeuten; im RAlix. 360, 17 (Reim: *iés*) heißt es von Porrus, der zu Fuße den anreitenden Alexander erwartet: *Sot que li rois fu fors et trancans ses espees* (l. *espiés); Se le fiert contre tiere, mors est et escaciés* (Var. *esquaisiés*), wo *fouler* ,treten' wieder passen würde. Keinesfalls darf man es ohne weiteres mit *escasser* für eins halten, unter welches auch die Stelle Tourn. Chauv. 3783 gehört *(esquace: passe)*; auch mit *escachier* ist es nicht leicht zu vereinigen, obgleich z. B. Guil. Mar. 578 (Romania XI 54) die Identifikation nahe legt: *Telz presenz avra, ce saciez, Dunt il serra tost esquasiez Autresi conme un taberaut.*

7 Aus andern Sammlungen angeführt bei Leroux II 175; dazu *sens contredit, Tout otroie qui mot ne dit,* Rose 13925; vgl. Otto, die Sprichwörter der Römer unter *tacere* 3. Was F*β* anstatt des Sprichworts giebt, ist der Schluß der in dieser Hds. nicht enthaltenen Strophe, welche hier die 109te Stelle einnimmt.

7₇ Es scheint nicht ein eigentliches Sprichwort vorzuliegen, wie etwa das verwandte der 37. Strophe eins ist, sondern bloß ein mit Hinweis auf einen grade vorliegenden Fall etwa auszusprechender Satz. ,Es unterbleibt manches, was noch besser (als das hier Erwartete) vorbereitet war'. Oder konnte *plus apareilliee* auch ohne bestimmten Vergleich und im Sinne von *tant soit ap.* gesagt werden?

8₇ Die Pastinake, außer *pasnaie* auch *pasnaise,* jetzt *panais* geheißen, erscheint als von dem Schweine geschätzt auch bei GCoins.: *Car une truie une pasnaie Ainc* (l. *Aime*) *assez miex qu'un marc d'argent,* 632, 43.

9, Das Sprichwort, verbunden mit dem von Str. 94, ist in einem lateinischen Distichon bei Zacher 52 wiedergegeben. *Pour che dist on: mesure dure*, JJour. 2448, der nämliche Vers RBlois I S. V; *En reprovier dit l'en que dure Ovre menee par mesure*, LMan. 429; *Si m'estuet ovrer par mesure, Car la soe uevre toz jorz dure*, Poire 2532, wo *Mesure* in Person spricht; *mout se doit on pener d'estre amesurez; car toz jors dit on: mesure dure*, Phil. Nov. QT 138.

10₀ *Nient* einsilbig scheint dem Gedichte fremd.

₇ Verbindet man *en cuisine* mit dem Subjekte, so ist *i* nicht überflüssig. — Das Sprichwort mit der Variante *compaignie* für *son per* giebt die Cambridger Sammlung bei Leroux II 388; *Ch. e. c. ne quert u[e]oir son per* ist bei Zacher 158 zwiefach übersetzt; der Wortlaut unseres Gedichtes einmal bei Robert 34; s. auch EVoigt zu Fec. rat. I 65.

11, *Qui fet son preu, ne solle ses mains* liest man in einer lateinischen Predigt bei Hauréau IV 118, was zu der Lesart von Fβ *(congie = conchie)* stimmt.

12₂ *felon* hängt von *servir* ab.

₇ Bei Leroux II 169 aus einer Sammlung des 13. Jahrhunderts: *au v. loon le biau j. et au m. nostre oste;* dagegen stimmt mit unserem Texte die bei Zacher 117 übersetzte Fassung. Bei Meyer S. 171 ist *al vespre deit l'um löer le jor* dreifach übertragen. Vgl. weiter *Li vilains dist en reprovier, Si lou dient encor plusor, Q'au vespre loe l'en lo jor, Quant l'en voit que bele est la fin, Si fet l'en son oste au matin*, Méon I 140, 417; *Li vilains dist en reprovier C'a vespre voit on bel lou jor*, Bern. LHs. 448, 6.

13₃ *träine* Verrat, von *träir* wie *häine* von *häir*.

₅ *il* ist der, der auf Betrug ausgeht, *il* im nächsten Verse der rechtzeitig der Gefahr gewahr Gewordene.

₇ Leroux I 116 (zwei Formen), II 387 mit unpassendem *receit* als Schlußwort. Irrtümlich setzt D dieses Sprichwort zu Str. 96; was diese Hds. dagegen hier giebt, steht richtig am Ende der in D fehlenden Str. 44.

14₇ Leroux I 122. Zahlreiche Sprüche behaupten entsprechend, der Baum schlage der Wurzel, die Tochter der Mutter, die Frucht dem Stamme nach.

15₄ Das tonlose weibliche Personalpronomen dritter Person ohne Beziehung auf ein bestimmtes Substantiv findet sich öfter auch bei *garir: Mes ja a tant ne la garront, Ainz iront de mal en sordeiz,* Troie 27808; *Ne la garront li glouton losengier,* RCambr. 2734; *Sarrazin voient que il ne la garront,* MAym. 1797; *Ne la garront no mortel anemi,* MGar. 88; *Par deu, fos clers, ne la porras garir,* eb. 154; vgl. Jahrb. VIII 338 und Anm. zu Elie 2356. Die Konstruktion mit *a aucun* ist nicht minder üblich als die mit *vers* oder *contre.*

₇ *boise* ,Span, Scheit‘, s. Godefroy. Daß die Strophe das Sprichwort richtig auslege, möchte ich bezweifeln; mindestens darf nicht der sterbende Fürst, sondern nur sein Land, sofern es nicht sofort in feste Hand übergeht, unter dem fallenden Holze verstanden werden.

16₅ *ensour semaine* ,im Laufe einer Woche‘, wie *ensore jor* an der bei Godefroy unter *ensore* beigebrachten Stelle ,während des Tages‘ heißt; vgl. auch Clig. 6419. Ebenso steht nicht selten das einfache *sor: Sor nuit* (über Nacht) *envoie maint mesage A ciax qui de li sont tenant, Qu'il a li viegnent maintenant, Si tost come il verront le jor,* Perc. VI S. 195; *Bien sai que⁻trestout mon travail M'avra delivré sor une eure Ma dame,* BCond. 317, 1432; *que.. ait wuidiet le ville.. hui sour jour et de solel luisant,* Rois. 9, 13; *pouc prix Celi ki en feste plainne Bergaigne et achete en pris Et retient dru sor qui[n]sainne,* Bern. LHs. 178, 3. Was Godefroy unter *sour* 519 c beibringt, gehört nicht hieher und ist teilweise mißverstanden (*eur* ,Rand‘ mit *eure* verwechselt in RAlix. 194, 12).

₇ Leroux II 222; mit dem Spruche beginnt auch der vierte Traktat der Somme le Roi, s. Romania 23, 450; und man trifft ihn bei Méon II 368, 190 etwas ungeschickt angebracht, wenn die Stelle nicht verderbt ist, und Rose 10226 in dem Sinne, der ihm hier beigelegt ist: ,man findet sich schwer in Entbehrungen, an die man nicht gewöhnt ist‘ (vgl. Zts. f. rom. Phil. II 144, zu 2480).

17₇ *Qi pou me donc vivre me vuet,* Cambriger Sammlung bei Leroux II 394. Der Übersetzer bei Zacher 24 scheint zu verstehn: ,auch der karge Geber verdient Dank; er will den

Beschenkten wenigstens nicht ganz umkommen lassen' *Vivcre me cum (l. qui) vult, mihi munera parvula profert; Vivere me non vult aliquis, mihi cum nichil offert;* und darauf läuft die Fassung bei Leroux II 306 hinaus: *qui petit me donne, si veut il que je dine.* Etwas anders ist der Gedanke hier gewendet: ,Wer von Versprochenem nur wenig hält, scheint dem Empfänger langes Leben zu wünschen, indem er reichlichere Leistung sich für später vorbehält'. So auch *Vult me vitalem, rem qui michi dat modicalem*, Prov. rust. 9 und *Qui modicum michi dat, me vivere longius optat*, was EVoigt dazu beibringt.

18,7 *belet* zweier Handschriften heißt ,Kleinod', wie Delboulle in Romania 12, 335 gezeigt hat. *esjot* ist die regelmäßig entwickelte Form; *esjoit* kann aber geduldet werden und ist von Risop in Zupitzas Archiv 92, 457 richtig erklärt; vielleicht ist es hier vorzuziehn, weil es einen Reim zu *voit* giebt. Auf den Unterschied, der sich für den Gedanken ergiebt, je nachdem man *feme* oder *dame* (Herrin) vorzieht, trete ich nicht ein.

19,1 *ami* der Überlieferung entgegen (statt *amis*, das durch *chascuns* herbeigeführt sein mag) im Hinblick auf 20,5, 23,1, 53,4, 238,5, 259,8, 260,2.

,8 *soi metre en aucun* heißt sonst ,es auf jemand ankommen lassen, den Entscheid in jemandes Hände legen'. *An celui* (den Arzt) *se met a delivre De sa santé et de sa vie*, Clig. 5712; *Li reis dit k'en ces dous* (Kardinäle) *volentiers se metra*, SThom. 3962; eb. 4031, 4145; hier ist der Sinn nicht ganz derselbe ,sich ganz zur Verfügung stellen'. Erstreckt sich die Rede des vorgeblichen Freundes bis ans Ende der Strophe? oder reicht sie nur bis zu *met*, und ist das Übrige Rede des Dichters, der sich zu jenem in Gegensatz bringt? ,7 Leroux II 283 (13. Jahrh.); *tex est comperés, n'est amis*, eb. 322 (13. Jahrh.).

20,1 *jourz* mit *z* ist nicht völlig sicher, denn 28 reimt *jours: cours (cursum)*.

,7 *Plus a le diable, plus veut avoir*, Leroux I 9 (13. Jahrh.).

21,4 Ungern mißt man das in AH gegebene *Puis;* vielleicht *Puis a un coup.*

21₇ *Qui plus haut monte qu'i ne doit, De plus haut chiet qu'i
ne voudroit,* Leroux II 307, dagegen *Qi mount plus tost q'il
ne deyt, chet plus tost q'il ne devereyt,* eb. 394 (Cambridger
Sammlung). Erstere Fassung begegnet öfter: Jak. d'Am. (?)
II 484; Jub. Jongl. 177; I Ysop. I 252; Lyon. Ys. 1739;
Form. HV 371; lat. Predigt bei Hauréau III 284. Nahe stehn:
Cil chiet en bas ki trop hault veult monteir, Bern. LHs. 316,
3; *Qui haut monte, de haut descent,* Rom. u. Past. II 57,
96; *Quant (l. Qui?) plus haut peie et plus haut monte, De
plus haut chiet et mort a honte,* LMan. 35; *tels est halt
muntez ki asez tost descent,* Rou II 2866; *de tant com li
hom amonte plus haut en poissance, de tant chiet il plus
tost,* JTuim 12, 15. Vgl. hier zu Str. 179.

22₇ *Plus dure honte que chiers tens,* Leroux II 282, .. *que povreté,* eb. 283; *plus dure est hounte qe povreté,* eb. 393; *plus
dure honte que mesaise,* Zacher 28. In Übereinstimmung mit
unserem Gedichte Clef d'am. 404.

23₇ *Ceo quid li leres qi tuz li seient freres,* Cambridger Sammlung bei Leroux II 388; *Cunctos furari scimus furem medi-
tari,* Prov. rust. 19; *Car leres cuide adès, on le dist de pie-
cha, Que tout soient si frere,* BSeb. X 432.

24 ‚Ein armer Mann von Stande, dem nicht daran liegt seine
Ehre aufrecht zu erhalten, wird dem wenig Dank wissen, der
ihm rät, was zu seiner Ehre und seinem Besten gereichen
würde'. Damit ist das Sprichwort nicht eben glücklich um-
schrieben, das auch die Cambridger Sammlung bietet, Leroux
II 389.

25₆ *esmangier* hier nicht mit dem Accusativ der Person, deren
Habe verzehrt wird, sondern der verschlungenen Sache.
₇ Vgl. *N'est bon compaignoun qi tut voet retenir,* Cambridg.
Sammlung, Leroux II 392. Das wenig zur˙Strophe passende
Sprichwort der Hdss. FαA (daß in A das *ne* vor *doit* fehlt,
wird ein Versehen sein) hat sein Gegenstück im Floril. Gotting.
192: *Perdis maiora si spernis digne minora; Ne magnis
digne careas, cape parva benigne.*

26₂ *oste* bezeichnet hier den zinspflichtigen Bauer, s. Du Cange
unter *hospites.*

26_7 Fast gleichlautend in der Cambridg. Samml., Leroux II 386; die Übersetzung bei Zacher 170 lautet *Mollicie segnis pastoris luna per anum Transit ab ore lupi, desidiaque canum;* etwas freier Prov. rust. 3 und Fec. rat. I 174, wozu EVoigt weiteres beibringt. Nicht unpassend ist unser Sprichwort am Schlusse des Fablels von Berangier au lonc cul angebracht, Mont. Fabl. III 262; vgl. noch *Mol pastour damage rechoivent; Car li lou sovent caut sanc boivent, Quant le garde n'est resoignie,* Rencl. M 129, 1.

27_2 *curer d'a. r.* wird erst später gewöhnlich; doch trifft man diese Konstruktion auch in VdlMort: *Uns jours venra dont peu curés,* 82, 10; *D'ome qu'on voit desmesurer Et de tos maus faire curer,* 244, 8.

$_7$ Leroux II 289 (13. Jahrh.), wo aber des Herausgebers Erklärung durchaus irrig ist. Die richtige Form des Spruches ist offenbar entstellt in *Qui ainz (l. a) hore vient (l. vieut) mangier, ainz hore doit apparaillier,* Fr. Koehler, Ehstländische Klosterlectüre, Reval 1892 S. 25; eher kann man sich zweimaliges *a hore* gefallen lassen, wie es bei Hauréau a. a. O. II 98 begegnet. Ungefähr dasselbe besagt *Ki ne fet ainz oure, ne prent a oure,* Zacher 14.

28_5 *rist* von *rissir.*

$_7$ *Sage home ne chara ja au pont, quar il decend,* übersetzt *Non de ponte cadet sapiens, quia non equitando Loro ducit equum pedetentim, non titubando,* Zacher 266; vgl. Fec. rat. 125. Das hier minder passende in H gegebene Sprichwort findet man mit geringer Abweichung *Ki est garniz, n'est pas huniz* bei Meyer 58, Cambridg. Samml. bei Leroux II 394; *Qui est garni, si n'est honni,* Ehstl. Klosterl. 24 und 26; *Qui est garniz, ne est sorpriz,* in lateinischen Predigten bei Hauréau II 96, 279 und IV 141, welche Form auch Leroux II 297 aus dem 13. Jahrh. beibringt.

29_4 Ich möchte *rest faite* vorschlagen.

$_7$ *Vieilles debtes aydent et vieulx péchés nuisent,* Leroux II 333 (15. Jahrh.). Zu dem Spruche von H vgl. *Viez pechie[z] fet novele honte,* GCoins. in Méon II 101, 3876, gllt. eb. 173, 1 mit dem Zusatze *Si com le proverbe reconte;* ferner *De viés pechié mal aquité Vient on a novele vergoigne,*

VdlMort 12, 11; *La parole est bien voire qu'est souvent re-
pourtee Qu'adès ha vielle häine novelle mort pourtee*, Gir. Ross.
163; *Veuz peché nove vergoyn*, Cambridg. Samml. bei Leroux
II 396; *Péché viel, nouvelle penitence*, eb. II 280. Was in
D gegeben ist, findet sich Str. 31 beinah gleichlautend.

30₇ Die Lesart von F*β* findet sich auch bei Leroux II 395 (Cambridger Sammlung), die von D bei Zacher 223; den gleichen
Sinn hat *ki tut me pramet, ne me pramet (Qui nichil ex-
cepit, promissio fallere cepit)* bei Meyer S. 177.

31₁ *sourparlé* in aktivem Sinne ‚maßlos im Reden‘ auch an der
von Godefroy irrig unter *sourparlier* angeführten Stelle *molt
esteit fox sorparlez*, Troie 5199.

₇ s. Str. 29 Varianten; vgl. *Pro verbis parvis crescit lis sepe
sub armis*, Floril. Gotting. 296, 2. Die Fassung von H mit
brai ‚Schlamm‘ statt *brait* ‚Geschrei‘ und dann natürlich auch
nue statt *parole* ist mir sonst nicht bekannt. Der Spruch
von D begegnet in vier Hdss. Str. 35.

32₇ Die Form von H trifft man auch bei Leroux II 388 (Cambridger Sammlung); vgl. eb. I 8. Dazu kommen *qui jeunes
saintist, vieus est diables*, lateinische Predigt bei Hauréau
III 284; *de jone saint viel deable*, Phil. Nov. QT 58, wo
die Richtigkeit des Spruches bestritten wird; *Li vilains dit
en reprover: De jofne saint veil adverser*, SGile 90.

33₇ Leroux II 194 (in wenig befriedigender Form), 390 (Cambridg.
Samml.); *la pire roe deu char brait totjorz*, Zacher 238;
s. auch PMeyer in Romania 21, 222 zu Z. 284; ich füge
hinzu: *Ce dit en repruvier Li vilains al buvier: La pire
rüelete Criet de la charete*, Ph. Thaon Comp. 133; *On dist
que toudis brait au kar li ruec pire*, GMuis. II 45; *Car
plus brait et plus crie haut La roe el car qui mains i vaut*,
Form. HV 828. Lateinische Fassungen giebt EVoigt zu
Fec. rat. 287.

34₈ Vielleicht *nes* für *nel* einzuführen; doch kann der Singular
neutral sein oder sich auf den Singular *mestier* beziehen, den
Z. 2 dem Gedanken nahe legt.

₄ *fer* braucht im Sinne von *cert* öfter Mousket: *Carles en fu
sëurs et fers*, 11205; *Dont li rois fu creans et fers*, 11357;
Par l'escriture fers en sui, 12760.

34₇ Über die Einführung des dem Subjektsatze folgenden Haupt-
satzes durch *et* s. Zts. f. rom. Phil. II 141 zu Z. 27. Den
Spruch verzeichnet aus dem 13. Jahrhundert wenig abweichend
Leroux II 59. Was in H steht, ist wohl überhaupt kein Sprichwort und paßt keinesfalls hieber.

35₇ S. Varianten zu Str. 31. Leroux II 207 (13. Jahrh.), 330, Zacher
51; vgl. Floril. Gotting. 104 und EVoigt zu Fec. rat. I 759.

36₇ *cui li chiés deut, est* (l. *et) tuit li membre*, Leroux I 185
(13. Jahrh.); vgl. *De le proverbe te ramenbre: Cui li ciés
diut, et tout li menbre Li doient par raison doloir*, Barl.
u. Jos. 290, 29. Lateinische Parallelen giebt EVoigt zu
Fec. rat. 766; dazu füge ich *Cui caput infirmum, cetera
membra dolent*, Ehstl. Klosterl. 18.

37 Die ersten drei Zeilen reden von dem, der auf spätere Erfolge
hin Schulden macht, die ihn erdrücken.

₇ *de ce que fol pence souvent en demeure*, Leroux I 158; *il
remaint assez de ce que fox pense*, eb. I 160; *mout remeint
de ce que fol pense*, Zacher 154. Genau in der Fassung
unseres Gedichtes gewähren den Spruch Erec 2942, Ren.
27784 (M VII 2), Supplém. S. 10, 241 (M XXV 242), Guil.
Mar. 342, SAlex. R 734, Escan. 24011, Rose 15763, Jub.
NRec. I 74, GGui. II 7548 (wo *remaint* statt *remest* zu
schreiben ist); wenig weicht ab *il faut assenz (l. assez) de
ce que li fouc (l. fous) pense*, Gir. Ross. 72, was Mignard
arg mißverstanden hat (vgl. eb. 224); *il remaint asseiz de*
u. s. w., Men. Reims 67, Chronik in Mon. Germ. hist. Scr.
XXVI 607, 4; *De çou que musars pense, remaint a faire
asés*, RAlix. 426, 5; *Molt faut de ce c'om cuide faire*,
Joufr. 2090; *de ce que fol pense demeure largement*, Dit
Rob. D 835; *[de] ce que fol pense, en remaint beaucop*,
Gil. Tras. 75 b, ähnlich 79 b.

38₇ Gleichlautend Leroux I 13, Zacher 197, in lateinischen Predigten bei Hauréau II 284, III 297, IV 21, 137, Gil. Tras.
24 b, 161 a; ähnlich *Quer l'om sout dire en reprovier: A qui
damledeu velt aidier, Que mesestance ne martire Ne nule
riens ne li puet nuire*, Guil. Mar. 712 und *cui dieus veut
aidier, mauvais hons ne li puet nuire*, Men. Reims 347,
wozu stimmt *cu dex vuet aidier, mas hons ne li puet noire*,

Robert 1; endlich *Et qui dieus veut aidier, il est savés,*
Aiol 672; *N'a garde, cui dex veut aidier,* GDole 4022;
*Mais on dist bien, et c'est vertez prouvee: Cui dex äide, ce
est chose sauvee,* Gayd. 244; *Mais j'ai öi piesa dire et
conter Que cil cui dex weult de la mort sauver, Nus hom
ne li puet nuire,* Jourd. Bl. 2899. Wahrscheinlich ist bei
Hauréau IV 97, wo man liest *cil est riches qui diex aime,*
statt des letzten Wortes *aiue* einzuführen. — Der Spruch von
H kehrt fast gleichlautend bei Zacher 219 wieder; zur ersten
Hälfte der Strophe fügt er sich recht gut.

39₁ ,mich nicht angeht, mir nicht verwandt ist‘, was sein freund-
schaftliches Verhalten doppelt dankenswert macht. Diese
Bedeutung des Wortes ist bei Godefroy nicht belegt, ist aber
sicher: *Il ne vos doit pas anoyer Se je parole un poi a
vos; Car vos deveis monter a nos, Ce me soloit ma mere
dire,* Tr. Belg. I 233, 228; *En la court avoit cevaliers, Haus
homes corageus et fiers, Qui monterent a Guenelon,* Mousk.
9442; *Cascuns aiuve adiès le suen, Plus un mauvais qui a
lui monte, C'un autre, s'il valoit un conte,* Perc. 11373; *Et
monte il rien ne lo[i]nc ne pres A vous de rien n'a vostre
ami, Quant il de vos vengier issi Se painne et tant s'en
entremet? — Sire, la painne qu'il i met, N'est pas por moi
ne por m'amor, N'onques a mon ami nul jor N'apartint
n'acointes ne fu,* Veng. Rag. 5214.

₁ Das Sprichwort kehrt Str. 223 wieder. Meyer S. 171; ferner
bei Hauréau in einer lateinischen Predigt II 284 (einmal mit
garde statt *requiert*). Öfter trifft man den Spruch ohne den
scherzhaften Zusatz *et colee sa per,* so bei Meyer S. 178, in
Predigten bei Hauréau II 96, III 284, IV 146; *Bonté autre
rega (regarde?),* Cambridg. Samml. bei Leroux II 387; *L'une
bontez l'autre requiert,* Mont. Fabl. II 257; I Ys. I 77; Gil.
Muis. I 201; Ehstländ. Klosterl. 23; Gil. Tras. 199 a; *unne
bonté autre demande,* Lyon Ys. 2206; *bountez reqiert sa per,*
Ehstl. Klosterl. 22.

40₂ *message* ist Nom. pl., *creant* heißt ,vertrauenswert‘, vgl. *Plus
creant mes n'i pöez envoier,* Aym. Narb. 3801; *Quant
François ö[e]nt la parole creante Dont Loöys et Aymeris*

se vante, MAym. 3288 und Verm. Beitr. I 36. Endlich *afier aucun* heißt ‚einem Treue geloben‘.

40₇ Man könnte *cuers n'en deut* vorziehen oder *cuer ne d.,* wobei *cuer,* obschon nicht eigentlich Personbezeichnung, im Sinne des Dativs stünde; doch sprechen die Formen, in denen der Spruch anderwärts auftritt, im ganzen für die in den Text gesetzte Fassung mit leichter Anakoluthie. *que cuer ne voit, ne cuer ne det,* Robert 25; *ceo que oill ne veit, quer ne dout,* Meyer S. 172; *dicitur communiter: quod oculus non videt, cor non dolet,* lat. Predigt bei Hauréau II 94 (französisch eb. 282, IV 104); *Cui* (Var. *Que) iauz ne voit, ne cuers ne diaut,* Clig. 488; *Li vileins dit: la oil u volt, Ke oil ne veit, al quor ne dolt,* SGile 547; *Li vilains dit et si a droit, Que cuers ne duet que huil ne voit,* Florimont bei Du Méril, Einleitung zu Fl. u. Bl. S. CCI; *Qant oez ne voit, ne cuers ne duet,* Fl. u. Lir. 1116; *Car li vilains dire le suit (l. suet): Que iex ne voit, al cuer li duit (l. ne duet),* SSag. 1096; *Ke ieus ne voit, a cuer ne deut,* Rencl. M 136, 2; *Por ce li sages dire seut, Que iex ne voit, ne cuers ne deut,* Rob. Blois bei Barb. u. M. II 190, 196; *Cuer ne se deut, cescun le seit, De cen qu'uil* (so zu lesen) *ne voit ne ne seit,* Clef d'am. 1691; *Car che que eix ne voit, coers ne doelt ne ne scent,* BSeb. XXIV 304; *Dex, que oil ne voit cuer ne deut,* bei Jeanroy, Orig. XXVIII 49; *Que ne voit oyex, au cuer ne diult,* GMuis. I 96; *De ce qu'oeil ne voit, cuer ne deult,* JBruyant II 15. In der Cambridger Sammlung bei Leroux II 393 liest man *qe oyl ne voyt, quer ne desyr* und so auch *(ne desiret)* bei Meyer S. 177. Vgl. dazu EVoigt zu Fec. rat. 179. Unser Dichter legt in den Spruch den Sinn: ‚was den Augen sich entzieht, entschwindet leicht dem Gedächtnis‘; anderwärts meint man damit: ‚das Betrübende wird leicht ertragen, wenn man es nicht vor Augen haben muß.‘

41₁ *prueve* ‚erweist, läßt erscheinen‘.

₅ ‚weder beim Mehreren noch beim Minderen‘, d. h. ob man mehr oder minder sich bemühe; ähnlich *ne por le plus ne por le moins* ‚um keinen Preis‘, VGreg. A 1333; Barb. u. M I 233, 742; ‚aus keinem denkbaren Grunde‘, GCoins. 186, 287; vgl. Str. 102.

41, *buisot* ist wohl dasselbe wie *bussot* an einer sicher verunstalteten Stelle bei GCoins. 418, 34, wo etwa zu schreiben sein wird: *Car ne plus que miaue* (Möwe) *u bussoz Faucon resemble u esprevier Ne que mastins semble levrier*, oder *buisard, busard* heute, d. h. ‚Weih‘. In der Cambridger Sammlung Leroux II 391 heißt es: *l'en ne poet fair de bosard ostour*, bei Robert 29 a *poines fat on de bouson faucon*; vgl. *Ce öi dire en reprovier Que l'en ne puet fere espervier En nule guise d'un busart*, Rose 4311. Der oft wiederholte Satz *nature passe norreture* wird an andern Stellen wieder anders spezialisiert: *Fols est ki d'esprivier cuide faire faucon, Ne de ronci destrier ne de levrier* (l. *levrier de*) *gaignon. Nature et noreture mainent mult grant tençon, Mais au loig va* (l. *vaint*) *nature, ce conte la liçon*, RAlix. 549; *Ja de bruhier ne ferat on esprevier*, führt Roquefort als altes Sprichwort an (unter *bruhier*); *Qui vilain viut aprendre de le cevalerie, De bruier faire ostoir, se poine restudie* (l. *rest usdie?*), RAlix. 549, 4; *D'escoufle puet on bien savoir Que hairon n'en puet on avoir*, Cour. Ren. 405; *Faire levrier d'un viel mastin Et d'un larron boin pelerin, Ce seroit merveilles a faire*, VdlMort 195, 4. Zu dem, was in H von der nicht zu ändernden Natur des Menschen gesagt ist, haben wir eben schon Parallelen gefunden; ich füge noch hinzu: *ki de fol se poinne Faire sage, bien pert sa poinne,* RBlois I S. VII. Verwandtes auch in EVoigts Anmerkung zu Fec. rat. I 340, während der erläuterte Vers selbst anderes besagt.

42, *greignour* neben dem Nominativ *cruautez* ist schwerlich zu dulden; vielleicht *Cruauté n'a greignour.*

raaint (hier durch den Reim gesichert, aber überraschend neben der älteren Form *raient* 75 und neben *crient* 44, 133, 139, 195) heißt ‚brandschatzt‘; s. Godefroy *raembre* S. 550 a.

qi royt la mesoun son veisine arder, deit creyndre de la sowe, Cambridg. Samml. Leroux II 395; eb. II 300 (15. Jahrh.); *grant pöur put avoir, qui voit la meson son veisin ardre*, Zacher 109; *qui voit le feu an la meson son voisin, il ne doit pas estre assëur de la sene (seue?)*, lateinische Predigt bei Hauréau IV 152; *De sa maison puet creme aveir, Qui*

la son veisin veit ardeir, Thebes 4969; s. EVoigt zu Fec. rat. I 76.

43₇ Zu dem, was ich in Zts. f. rom. Phil. IV 80 über diesen Spruch und seine Varianten bemerkt habe, sei hier noch nachgetragen: *Onques ne ja, bien l'adevin, Ciervoisse ne passera vin, Qu'ele n'est pas de tel conroi,* Mousk. 31114; noch im Moyen de parvenir S. 8 (Ausg. Garnier) liest man: *il y a plus d'esprit en une pinte de vin qu'il n'y en a en un boisseau de bled.* S. auch EVoigt zu Fec. rat. I 787.

44₇ S. EVoigt zu Fec. rat. I 613 und GParis im Journ. d. Sav. 1890 S. 567. Unser Dichter denkt aber nicht an Schutz gegen möglichen Regen allein, sondern an Vorsichtsmaßregeln gegenüber undankbaren Beschenkten.

45₄ Dem Reimwort von Z. 4 kommt streng genommen ein *z* nicht zu; ich habe es ihm gegeben im Gedanken an *anvoiz,* 2. Sing. Präs. Conj. von *anvoïier,* bei Crestien Ch. lyon 2772.

₇ Leroux II 394 (Cambridg. Samml.); bei Zacher 35 heißt es am Schlusse *de petit se deut* ,der ist (auch) über einen geringen Verlust (gleichwohl) betrübt', was ziemlich auf eins herauskommt wie *de grant se deut* ,ist über einen großen Verlust betrübt, obgleich er nur einen kleinen erlitten hat'. Was in Fα steht, ist an sich auch annehmbar und findet sich bei Leroux II 306, Robert 83, paßt aber nicht zur Strophe. S. Varianten zu Str. 71.

46₅ Der Ausdruck ist ungeschickt. Es sollte nicht von einer Wahl die Rede sein, die auf den Untauglichsten fällt, sondern von einer, die einen Untauglichen ins Amt beruft, weil ein Geeigneter nicht vorhanden ist.

₇ Meyer S. 170; *por sofrete de prodome set fol eurent* (l. *siet fol eu renc*), Zacher 4; *en defaut de sage monte fol en chaire,* Leroux I 159; *Souffraite de saige troveir Fait bien metre fol en chaiere,* Bern. LHs. 509, 3; *Mais de tel gent c'on a, convient faire jurés,* BSeb. XVIII 876; s. Str. 278.

47₃ *tenir a aucun* ,angehn, in Beziehung stehn', vgl. *il me demanda se je tenoie riens de lignaige a l'empereour Ferri,* Joinv. 216 a; *chis hom chi ne m'apartient, Ne tant ne quant a moi ne tient Fors que de diu le souvrain roi,* Barb. u. M. I 234, 788.

47, Leroux I 89: *a qui est l'asne, si le garde;* daneben mit Konjunktiv (was übrigens *garde* im 15. Jahrh. vielleicht auch ist) im Hauptsatze, was den Sinn nicht unwesentlich ändert: *a qui est l'asne, si le tienne par la queue,* eb., wozu Fec. rat. I 98 stimmt: *Cujus enim est asinus, comes hunc post terga sequatur,* wozu EVoigt einiges beibringt.

48, *dete* männlichen Geschlechtes in der Bedeutung ‚Schuldner‘ scheint durch diesen Vers gesichert. Der Herausgeber des Beaumanoir war unschlüssig; er schrieb *se li detes veut baillier nans por ses pleges, encore les doit mix penre li creanciers, car il n'est tenus a garder les nans du dete que sept jors et sept nuis,* 30, 52, aber *deté* 66, 3, und Godefroy, bei dem man weitere Belege findet, setzt letztere Form an.

7 S. auch Str. 245. *mieus vaut..,* Leroux II 265 (13. Jahrh.), 392 (Cambridg. Samml.), Meyer S. 174, Zacher 142. Vgl. *Assez vaut miex un ‚tien' que quatre ‚tu l'avras',* Aye 89; *Ke j'ain muelz por estre ameis Un ‚tien' ke dous ‚vos l'avreis',* Bern. LHs. 53, 5; auf das Sprichwort spielt der Renclus C 240, 11 an, wenn er sagt: *Fous est ki en chest val* (auf der Erde) *voit rien Dont il aint mius avoir un ‚tien' Ke en cler mont dous ‚tu l'aras'.* — Der hier übel angebrachte Spruch von A findet sich bei Leroux II 183 in der Form *bon est le deuil qui après ayde.*

49, Leroux II 387 (Cambridg. Samml.), I 103, Zacher 267: *a tart est l'uis clos, quant li cheval en est hors.* Vgl. *Li vilains dit bien chose estable, Que trop a tart ferme an l'estable, Quant li chevax an est menez,* RCharr. 6955; *Perdu ai le cheval, si fermerai l'estable,* Barb. u. M. I 372, 492; s. auch Littré im Historique zu *étable; Ains que li chevax fust perdus, Feroit trop bon fermer l'estable,* Roi de Cambray in Œuvres de Ruteb. I 444.

50, Wegen des Singulars *le gaillart* zu dem Plural des Subjekts s. Verm. Beiträge I 142.

2 *aigre d'aucune rien* ‚auf etwas erpicht‘; *aigre d'anbler,* Ren. 131 (M XXIV 109); *De jouster ert aigres et caus,* Ren. Nouv. 5955.

7 Man erwartet einen Spruch ungefähr gleiches Sinnes wie *Non sic reste nova, saturo quam ventre jocatur,* Fec. rat. I 26,

wozu EVoigt Parallelen giebt. *colee* scheint hier scherzhaft im Sinne einer kräftigen Mahlzeit genommen zu sein, die nicht mehr entrissen werden kann, wenn sie einmal eingenommen ist. Im unmittelbaren Verstande ist *colee* bekanntlich ‚Hieb auf den Nacken‘, vielleicht aber auch ‚Last für den Nacken, Ladung für einen Menschen‘. Der eigentliche Sinn des Spruches dürfte sein: ‚Die Ladung, die einem früh aufgehalst ist, hat er den ganzen Tag zu schleppen‘.

51_2 *ome* hier im Sinne von ‚Lehnsmann‘.

$_4$‚Wenn er ihn einmal anschuldigt, so zieht er ihn schon für eine Kleinigkeit zur Rechenschaft; aus seinem (des Herrn) Unrecht macht er Recht‘. *araisnier* als Ausdruck des Gerichtswesens belegt Godefroy; in ähnlichem, aber etwas weiterem Sinne steht es: *Troi mile sont de se maisnie, Qui nostre gent ont araisnie Mout malement, si qu'il s'en plagnent, Ille 2606; Par ches deus visses sus nous court (li mondes) Et si nous tient par aus si court Et nous en va si arresnant Qu'a peu ne soumes recreant,* JJour. 763.

$_7$ S. auch Str. 210. Leroux II 77 (13. Jahrh.): *mal partir* u. s. w. Vgl. *qi a seigneur part poyres, n'ad pas des plus beles,* eb. II 394 (Cambridg. Samml.), wozu sich stellt *Cerasa cum dominis non consulo mandere servis; Mandunt matura, sed relinquunt sibi dura,* Floril. Gotting. 74. Die Variante *a gueule* in Hs. A zu Str. 210 ist mir unverständlich.

52_6‚auch am Großen ist ihm wenig gelegen‘.

$_7$ Die Accusativform *lié,* s. zu 19, 1. Über den Spruch der Hss. FγFβD s. zu 177.

53_1 *erres* (= nfr. *arrhes*), ‚Handgeld‘, ‚Pfand‘, dann, Vorrecht, Sicherheit‘; vgl. *En chiaus doit estre espechïaus (carités), A cui dius done si grant erre D'onour ke il sont diu en terre, Ch'est as prestres parrochïaus,* Rencl. C 55, 10.

$_7$ *qui premier pren, ne s'en repend,* Leroux II 307 (13. Jahrg.); *qui primes* u. s. w. eb. II 394 (Cambridg. Samml.); Zacher 145.

54_2‚im zunehmenden‘ und ‚im abnehmenden Mond‘ d. h. in guter und in übler Verfassung, fett und mager, reich und arm; vgl. *Ma vie vat en decors Toz les jors d'or en avant,* Bern. LHs. 1, 2; *Ne te lai morir en decours,* Rencl. C 236, 11 (im Stande der Sündhaftigkeit).

55₂ *covine* ‚Treiben, Verfahren, Handlungsweise'.

₃ *escole* ‚Zucht, Behandlung'; so versteh ich das Wort auch in *Quant mes dox amis m'acole Et il me sent grasse et mole, Dont sui jou a cele escole, Baus ne tresce ne carole . . N'i vauroit mie*, Auc. 33, 6; *Aprise sui de male escole, Quant en tel liu ai mis m'amor Dont n'averai joie a nul jor*, Perc. 32798; *Mort est, qui aime dame fole, Puis qu'il est de mauvaise escole*, Joufr. 1475.

₄ *çoile*, dagegen *cele on: felon* 163.

₇ Das Sprichwort von H trifft man auch sonst: *on dist pieça ke ki sueffre, il vaint*, JTuim 172, 1; *li bon soufreor vainquent tout*, Phil. Nov. QT 197 ; *qui bien puet souffrir, il vaint*, Œuvr. poét. de Christ. de Pisan I 201.

56₆ ‚wenn er mir Anteil an seiner Habe gewährt'; *Jeo vos partirai mes tresors, Dont toz jorz mais serez mananz*, SMagd. 362; *volentiers vouz partironz Les bienz que dix nouz a donez*, Escan. 2118; *Voeil a vos partir par ingal Et joie et doel et bien et mal*, Guil. d'A. 51.

₇ Leroux II 386 (Cambridg. Samml.); Zacher 143; *asurement b. u. s. w.* Meyer S. 178; *Cum lectum cerno, secure poto Falerno*, Prov. rust. 31.

57₂ ‚im Rufe vieler Vorzüge stehend'; vgl. *Or est de träisun cunëuz e pruvez*, Rou II 3949; *De felons gas ert conëuz E de mal faire esteit cremuz*, eb. III 9953; *N'i avoit chevalier, ne fust d'armes connus*, Ch. cygne 173.

₇ Als Schlußsatz zu der Strophe, die von der Häufigkeit gänzlich verkehrten Urteils über Menschen redet, scheint der Spruch zu bedeuten: ‚wie ihr ihn anseht, so behandelt ihr ihn; ihr behandelt den Menschen als das, was ihr in ihm seht'. Ähnlich 215; weniger 273.

58₆ Der nämliche Vers 112.

₇ Der Spruch von FaH begegnet weiterhin noch öfter: 131, 148, 238.

59₂ Die Lesart von A empfiehlt sich weniger durch den reichen Reim als durch weiteren Gedanken; der Schlußspruch läßt erwarten, daß in der Strophe außer von leichtsinnigem Verschenken auch von anderweitigem unbedachtem Preisgeben der Habe die Rede sei.

59₄,₅ Der Reim ist ungenau. Die Lesart von A teilt diesen Übel-
stand nicht; es ist aber fraglich, ob der Dichter wirklich eine
lunga promessa coll'attender corto empfehlen will. Über Fälle
der Bindung des stimmhaften mit dem stimmlosen *s*, die freilich nicht alle gleich aufzufassen sind, s. Risop, Studien z.
Geschichte d. frz. Konjug. auf *-ir*, S. 28.

₇ *ne mettre a tes piés ce que tu tiens a tes mains* (13. Jahrh.),
Leroux II 267.

60₅ *faire chief de* ‚voranstellen‘, *faire coue de* ‚hintansetzen‘; vor
dem männlichen Boten, den man an die Geliebte zu senden
versucht sein könnte, und der leicht für sich selbst wirken
dürfte, warnt Clef d'am.: *Lors se fet chief dont il est coue,
Et de ta cause fet la soue,* 983.

₇ *mal prie qi se ublie,* Leroux II 391 (Cambridg. Sammlg.); *malement eure que soi oblie,* Zacher 96.

61₅ *par päis* ohne Artikel, wie deutsch ‚über Land‘.

₇ Der Spruch von FαH paßt zur Strophe weniger als der von
AFβ, der mir sonst nicht begegnet ist, gehört aber zu den
besonders oft verwendeten: Erec 2588; Ren. 5150 (M XVI 300),
15706 (M IX 390); Men. Reims 119, 362; Mousk 25196, 25822;
Eust. Moine 1239; Ruteb. II 206; Roi de Cambrai in Œuvr.
de Ruteb. II 442 (hier wenig glücklich angebracht); vgl. *Et
la chievre quant de* (wahrscheinlich *gardoit,* Präs. Conj.) *sa
pate; Mal gist, quant trop forment en grate,* I Ys. II 83; *La
chievre qui est en un test* (d. h. *toit*) *De chaume, quant elle
trop grate, Aval* (l. *Mal*) *gist par le fait de sa pate,* eb. II
486; mit ihm hebt noch Villons Sprichwörterballade an. (Pro-
venzalisch in RFerauts Sant Honorat 136.)

62₈ *pour fol* in den Text gesetzt im Hinblick auf Str. 234.

₆ *bien venuz* ‚wohl daran, in glücklicher Lage‘: *Bien est Alixan-
dres venuz, Car a rien qu'il vueille ne faut,* Clig. 388; *Com
est li doiens bien venuz, Qui o tel dame gist toz nuz,* Barb.
u. M. IV 9, 257.

₇ Der mir sonst nicht vorgekommene Spruch besagt: wer auf
einem Rosse sitzt (das ihn jeden Augenblick aus dem Bereiche
fremder Willkür hinwegtragen kann), ist immer noch nicht
aller Hülfsmittel bar (auch wenn er Leute in seinem Dienste
zu halten nicht vermag).

63 ‚Wenn jemand böswillig eines andern Pferd zu Schanden macht,
dann kann man sich darauf verlassen, daß er (der Geschädigte!)
betrübt und mißmutig darob ist, und daß man es ihm doppelt
so hoch veranschlägt, als er es hätte verkaufen können‘, d. h.
Verlornes, insbesondere durch fremde Schuld Verlornes wird
über seinen Wert geschätzt, und zwar sowohl von dem, dem
es gehört hat, wie von denen, die mit ihm darüber reden.
son cheval in Z. 2 wäre an sich annehmbar, verträgt sich aber
nicht mit dem *par mal,* welches (kaum zu unterscheiden von
por mal, das aber gewöhnlich ein *de* bei sich hat nebst Bezeichnung der zu schädigenden Person) ‚in böser Meinung, im
Unfrieden‘ heißt und sich namentlich mit *regarder, estre, partir*
verbindet: *Mais ja si hardis ne serez Que vouz me regardez
par mal,* Escan. 1117; *ne les osa regarder Par mal ne serpens
ne lyons,* eb. 24983; *onques puis ne furent par mal en-
sanle,* RClary 15; *devant chou qu'il fust par mal de le court,*
eb. 64; *onques ne porent pes avoir Li vassal nul jor de lor
vie, Einz sont par mal et par envie Entr'aus et par mortel
häine,* Ren. 18024 (M X 146); *ai je dont folie Faite dont
häir me doiés Ne dont par mal vers moi soiés?* Ch. II esp.
2786; *par mal erent departi,* Rou III 6674; *D'amedous est
par mal partiz,* eb. 9493; *Tant l'en repris et chastoiai Qu'ele
m'en a si enhäie Que de li sui par mal partie,* Guil. Pal.
3628; *par mal somes sevré,* RAlix. 220, 10; *Par mal est del
conte partis,* Eust. Moine 392; hier Str. 65.

₄ *pesanz* s. Verm. Beitr. I 43; ebenda 151 ist von dem negativen
Satze die Rede, der wie hier Z. 6 auf *dous tanz* folgt.

₇ Leroux II 201 (13. Jahrh.).

64₅ *avoir doute* ‚Grund zur Furcht haben‘, s. Zts. f. rom. Phil. X 163.

₇ Leroux: *M. v. bons fuir q. m. a.,* II 262; *Mius valt ... Bons
füirs que mauvais atendre,* Ferg. 160, 7; *Pour eschapper de
mort vault trop mieulx bone fue, Ce dïent li couart, que
malvaise attendue,* Gir. Ross. 152; *Miex vaut uns bons füirs
que melement esrer* (wohl *ester*), Aiol 5518; *Mais il vaut mieus
füir qu'atendre horion,* Bast. 1115; *Et quant on est en lieu
la ou gist li peris, Ch'est sens de lui deffendre tant c'on est
sains et vis; Et s'on voit que deffence n'i vaille deus espis,
Ch'est sens du bien füir et d'estre a garant mis,* eb. 5697;

Bone est la fuie dont li cors est sauvez, Cov. Viv. 39. Man kann damit zusammenhalten *lox est de füir et lox est de chaucer* (l. *d'enchaucier*), Zacher 113; *Car il est licus de föir o* (l. *et*) *d'ester*, MAym. 872.

65, *deux orgueilleux ne peuvent estre portez sur un asne*, Leroux I 89 (16. Jahrh.).

66₃ *faire raison d'a. r.* heißt wohl ‚etwas zu Rate halten, sparsam damit umgehn'; ich kenne die Redensart in solchem Sinne sonst nicht, aber da *raison* ‚Rechnung,' Rechenschaft' sicher heißt, *sanz raison* auch ‚maßlos' bedeutet (*Sa fille haut salut aporte Con chilz qui l'ainme sans raison*, Rich. 457; *Mais de cez i ot sans raisons*, Méon I 295, 83), so darf man ihr wohl jene Bedeutung beilegen.

₆ Die Zeile kann man so fassen, daß *petit* Adverbium und ‚die kleine Habe' Subjekt ist (‚denn sie reicht wenig weit, es ist wenig damit auszurichten'), oder so, daß man *petit* als Subjekt nimmt (‚denn auch wenig vermag, leistet etwas', wenn man es nämlich zu Rate hält). Ich neige mich der zweiten Deutung zu, nach welcher schon diese Schlußzeile einen allgemeinen Satz enthält, den man mit *peu aide* bei Leroux II 281 zusammenhalten kann.

₇ Neugebackenes Brot hält im Haushalt so viel weniger lang vor als altes, daß es scheinen möchte, als hätte es ein Viertel weniger. Damit ist die Strophe freilich nicht besonders glücklich zusammengefaßt, jedoch ein Satz ausgesprochen, den immerhin erwägen mag, wer jene beherzigen will.

67₃ *contraire* ‚Feindseligkeit'.

₇ *A pou de pluie chiet grans vens Et grans orgueil en pou de tens*, Leroux I 75; *Mais grans vens ciet a poi de pluie*, Perc. 6792; *Grans vens ciet mais a poi de pluie*, Ferg. 48, 37; RHam 219; Ren. 8828 (M Va 850 *Par petit vent ciet il grant pluie*); *De pou de pluie chiet grant vent*, Jub. NRec. I 311; *petite plue abat grant vent*, Zacher 169; Fl. u. Lir. 844; *C'un peu de plueve abat g. v.*, VdlMort 65, 7; lat. Predigt bei Hauréau II 281; *Une petite plueve grant vent apaise*, GMuis. II 74; Stellen aus Rabelais hat schon Leroux beigebracht; vgl. Prov. rust. 35. Ähnlichen Sinn bei anderer Fassung giebt *de grant vent petit pluye* (Cambridg. Samml.) Leroux II 388.

68₄ *remaint* ‚bleibt um ihn‘ als mitleidiger Pfleger.

₇ *meuz vaut ami par vei qe dener en currey* (Cambridg. Samml.) Leroux II 381; Zacher 5; *(muez vaut amis an place que argent an borse*, Robert 50 ohne Übersetzung); Ehstl. Klosterl. 25; in lateinische Predigten eingeschaltet bei Hauréau II 283, IV 24; Aye d'Av. 28; *muez vaut en voie Amis que denier en corroie*, Lyon. Ys. 845; *Assez vaut miex amis en voie Que ne fet deniers en corroie*, Méon II 154, 1; *Qu'adès vaut miex amis en voie Que ne font deniers en corroie*, Rose 5669; *Pour ce dit uns proverbes: miex vaut trouver en voie Un boin certain ami que denier en coroie*, BSeb. I 1048; *Miex vault amis en voie qu'argens en ches tissus*, eb. XIX 780; *Mius vaut amis en coite que argens ne or mier*, RAlix. 153, 35.

69 Über die Personifikation des *denier* s. Verm. Beitr. II 207.

₄ ‚Den einen läßt er im Stich, an den andern drängt er sich‘.

₇ Vgl. bei Leroux II 87 und 288 die mit *qui a (de l') argent* beginnenden sinnverwandten Sprüche; *Cheli qui a deniers, fet auques son talent*, Gaufr. 154.

70₆ ‚Das bekommt er als Ansicht seines Rates zu hören‘; vgl. *Porquant gel voldrois* (1. *voldrai*) *volentiers, Se gel puis trover vers lo rei* (wenn der König zustimmt), Troie 17811; *Iço, fet il, sereit granz biens, Quil trovereit es Troïens*, eb. 19668; *a comandé Que ço qu'Anthenors a trové A cels de Grece, cont(e) et die*, eb. 24906; eb. 25344; *molt voil a vos ajoster, Si ge le puis en vos trover*, Joufr. 3452; eb. 4338; *Si a trouvé a son consel Que toute Flandres saissira*, Mousk. 20980; *se je puis Et je en mon conseil le truis*, Ren. 14112 (M VI 416); *ge ne ferai Ce qu'en mon conseill troverai*, Claris 15085; vgl. *s'en mon conseil le voi*, MAym. 1330.

₇ Leroux I 27 (13. Jahrh.); GCoins. 691, 86; Ruteb. II 41; *de ruides mains ruides prïeres*, Robert 51; *De ruie main prïere est touste* (: *couste* ‚kostet‘), NDChartr. 131.

71 Die Strophe besagt ungefähr dasselbe, was die 45ste, deren Sprichwort denn auch hier in FβD auftritt.

₇ Zacher 82, wo offenbar zu lesen ist *de meins se crieve l'en l'oïl*; s. auch hier 269. ‚Auch an Geringerem als einem Dachbalken kann man sich das Auge ausstechen‘. (*crire* und *cheveron* durch Druckfehler für *crieve .. chevron*.)

72₇ Leroux II 167, Zacher 118, in lateinischer Predigt bei Hauréau IV 97; *au besoing voit on l'ami,* Robert 18, 45; RHam 257; BCond. 264, 576; JTuim 130, 14; *Au besoing voit li hons son ami de coer vrai,* BSeb. XVIII 847; *Au grant besoing connoist an son ami,* MGar. 33; *Car au besoing, toz jorz dit l'an, Doit an son ami esprover,* Ch. lyon 6600; *Au besoing puet on bien son ami esprouver,* Fier. 8; *Et je sai bien pieça, bien l'ai öi conter, Que au besoing puet l'en son ami esprover,* RMont. 356, 37; *A la besoigne est amis esprovés,* Alisc. 73; *Car au besoing puet li hom esprouver Qui est amis ne qui le weult amer,* Am. u. Am. 2856; *Quer au besoing peut nen sentir Qui est ami vrai sanz mentir,* Clef d'am. 1603; *Au besoing voit li hons qui bien le voilt amer,* BSeb. XIII 533: *Au b. v. l. h. dont il est chiers tenus,* eb. XVIII 733; *Qu'amis est, au besoing le trouve* (l. *prueve*), Ruteb. II 46; *Au besoing voit on c'amis vaut,* VdlMort 196, 12; *Au grant besoing voit on qui vaut,* RHam 256; *Al busuin est truvez L'amis e espruvez. Unkes ne fut ami Ki al busuin failli Dunt il pöust aidier Ne de rien cunseillier,* Ph. Thaon Comp. 165; *Au besoing pert, qui est amis,* Perc. 10657; *Bien puet l'en reoir au besoing, Qui l'aime et qui de lui a soing,* Ren. 11633 (M Ia 1883); *Quer au besoing veier puet l'on, Qui son ami est et qui non,* Chast. I 77; *Li besoing dou bon l'amistié Mostre,* Lyon. Ys. 3395: *Au besoing voit on, qui bien aime,* Méon II 404, 340.

73₇ Leroux I 3 (13. Jahrh.); *Chil qui siervent auteus, des auteus doivent vivre,* GMuis. I 296; *Priestres de son autel c'est raison qu'il en riche,* eb. I 155.

74₇ *de maintes choses se pourpense, qui pain n'a* (13. Jahrh.), Leroux II 149; *de beaucoup a soin, a qui manque le pain,* eb.; vgl. *la ou pain fault, tout est a vendre,* eb. II 243. Wegen des weiblichen *maintes* ohne Bezug auf irgend ein Substantiv (zusammen zu halten mit den zu Vr. An. 2 besprochenen Fällen) s. *Une nuit qu'il se fu de maintes purpensez, Vit une avisiun,* Rou II 233, und hier Str. 166.

75₈ ‚thut sich selbst Schaden'.

₄ *raient* s. zu 42₄.

75, *qui une fois escorche, ne deux ne trois ne tont* (13. Jahrh.), Leroux II 312; *et si dist on un proverbe que cil qui a une fois escorche, deus ne trois ne tont*, Beauman. 45, 37; *Que droiz retret en reprovier, Qui une foiz veut escorcier Qu'après ne deus ne trois ne tont*, Jub. NRec. II 142. Ähnliches: *il faut tondre les brebis et non pas les écorcher*, Leroux I 112; *après raire n'y a plus que tondre*, eb. II 174; *ce qui est ray ne se peult tondre*, eb. II 191.

76₆ vgl. 58₄.

₇ *quanto plus gelat, tanto plus stringit*, Sal. et Marc. a 5 v°; *de tant plus gelle et plus estraint* (15. Jahrh.) und *quand il gele, si estraint* (15. Jahrh.), Leroux I 67 ,je stärker es friert, desto mehr zieht es zusammen' ist der wörtliche Sinn. Im Dolop. scheint mit *Tant com plus giele, et plus estraint* 226 gesagt werden zu sollen: ,je höher die Not steigt, um so mehr sieht man sich zu dem gezwungen, was man lieber miede'; ähnlich *plus se plaint destroitement Cil qui plus grant angoisse sent...; Qar com plus gele, plus estraint*, Barb. u. M. II 208, 749; *Adont furent gardé et par nuit et par jour, Et fremerent les portes, qu'il ne voisent ailliour. Or ont li crestïen plus que devant hisdour: Plus gele, plus destraint, ce dïent li pluisour*, BSeb. XII 480; auch XIV 23. In der vorliegenden Strophe ist dem Spruche, vielleicht nicht eben glücklich, ein anderer Sinn beigelegt, *estraindre* von dem geizigen Zusammenhalten der Habe verstanden und *geler* erst recht gezwungen gedeutet.

77, *le pain au fol est le premier mengé* (15. Jahrh.), Leroux I 160.

78, auch zu Str. 246. *qi de loing se prevoist, de pres s'enjöist* (Cambridg. Samml.), Leroux II 394; *qui de loing garde, de pres joit*, Zacher 66 (übersetzt: *Conservata diu res confert utilitates*); *ki de luinz veit que aimet, de pres se cjöist*, Meyer S. 178 (übersetzt: *Qui procul aspiciunt quod amant, prope gaudia fiunt*); seltsam verderbt *qui de loing se garniz* (so), *de pres se porroit*, in lateinischer Predigt bei Hauréau II 98; *qui a longe ridet, de prope gaudet (vulgariter dicitur)*, eb. V 35, fast genau so Leroux II 295; *Qui de loing garde, de pres jot*, erster und letzter Vers einer Legende

aus den Vies des anciens pères, Jahrb. f. rom. u. engl. Lit.
VII 408; Weber, Handschr. Studien 1; *Car cil ki ce porvoit
de loing, Est garis (garnis?), kant vient au besoing,* Beaud.
547; eb. 3650; *On dit sovent, ki ce porvoit De loing, sanz
faille de pres jo[i]t,* eb. 3066. Der ursprünglich Vorsicht
empfehlende Spruch ist, wie man sieht, bisweilen auch anders
gewendet worden.

79₁₋₄ Sogar die Elendesten wollen von gemeinschaftlichem Besitze
nichts wissen.

₅ *pautonerie* ist schwerlich das richtige Wort; soll bei - *erie*
geblieben werden, so ließe sich an *plaidoierie, tençonerie,
forsenerie* denken.

₇ *Per ço dis om a l'oste ,Miels val meu qe nostre',* Provenz.
Cato III 21.

80₄ ,er gerät in die Falle'; *estre, remanoir, entrer en la briche*
kommen öfter vor; *soi prendre a la briche* ist mir sonst nicht
bekannt.

₇ Das Sprichwort bleibt mir unverständlich. *cheneviere* ist
,Hanffeld'; heißt es aber das auch an folgenden Stellen: *Je
l'avrai a baron, Quar en mon sorceron, Quant fis ma
chenneviere, Le vi, plus m'en tieng chiere,* Rom. u. Past. III
31, 65; *feist sa chaneviere,* Tr. Dits II 145, wo der weiter
Verlauf der Rede zu beachten ist? Heißt es, wie nfz. *chan-
vrière,* ,Hanfarbeiterin', so daß der Satz bedeutete ,wie die
Ehrlichkeit so die Hanfbrecherin oder Hanfhechlerin', d. h.
,ihre Güte hängt von ihrer Ehrlichkeit ab'?

81₃₋₆ ,je nach den Zeitläuften hütet er seine Habe und hält sie
fest, und wendet er sie an und giebt sie aus'.

₇ *selon le temps la temp[r]eure* (15. Jahrh.), Leroux I 84; *Selonc le tans la tempreure,* Jeh. et Bl. 1549; *Sire, savez que
dient vilain an reprovier? Selonc tans trampreure ne fait
a desjugier,* Ch. Sax. II 152; GMuis. I 228, 332, 368. ,je
nach der Zeit die Maßgabe, die Bestimmung des Maßes'.

82 ,Wer sich auf zuviel Geschäfte einläßt, kommt aus den Schulden nicht heraus; wann er alles eingebüßt hat, dann verspricht
er, dann wird er zuthulich, dann liest er seinem Wirte die
Fläumchen ab, bittet um Aufschub, bis er ihn bekommt. Zu
kurzen Hosen lange Tragriemen'. *esplumer* heißt hier und

so auch bei Mont. Fabl. VI 32 *(bone fame .. Ne set pas son baron blandir Ne esplumer ne aplanir)* dasselbe, was *oster plume* ‚in kriechender, listiger Dienstbeflissenheit Flaum von den Kleidern oder aus den Haaren ablesen‘, vgl. Foerster zu Clig. 4532, wozu man weiter stellen mag *Ne voi prouvoire ne dyacre, S'il voit sus son archedyacre Poutie, plume ne plumete, Qui tost ne la bout jus et mete*, GCoins. 508, 107; *Se poutie pöés veoir Sor li de quelque part cheoir, Ostés li tantost la poutie, Nëis s'ele n'i estoit mie*, Rose 8534 (nach Ovid. Ars am. I 149). *emplumer*, was in Fγ steht, würde sich auch halten lassen, s. Foerster a. a. O., ist aber minder gut bezeugt.

7 *a courtes hoeses longues lanieres* (13. Jahrh.), Leroux II 117; *a courte chausse longue laniere* (15. Jahrh.), eb.

83,7 *tutes hures ne sont meures* (Cambridg. Samml.), Leroux II 395; *Se vilain ont bias buès par hores, Si ne sont mies tos tans mores*, Tr. Belg. I 238, 410; vgl. Fec. rat. I 22.

84,3 Die heutige Schreibung *Hainaut* ist nicht etymologisch; im 12. Jahrh. hieß es *Hainoia, Hainonia, Hainoensium comes, comes Hainoensis.*

7 *buer jëune au matin, qui au vespre est sous* (13. Jahrh.), Leroux II 186; *bien june le jour, qi a vespre est saul* (Cambridg. Samml.), eb. II 387; *il fait bon juner, dont hom est a seyr saul,* eb. 390.

85,2 ‚durch Verstand in Ruhe erhalten‘, vgl. 171, 5.

7 *de fol folies et de quir curreys* (Cambridg. Samml.), Leroux II 388; Zacher 23; bei Meyer S. 175 nur lateinisch; *De fol folour, de cuir corroie*, GCoins. bei Méon II 42, 1315; ähnlichen Sinn hat *(L'en dit que) fols qui ne foloie Pert sa seson*, Ruteb. I 6; vgl. *De stulto stulta procedunt sompnia multa*, Prov. rust. 8. — Das Sprichwort von A giebt einen ganz andern, gleichfalls sehr guten Sinn, verlangt aber auch für die zweite Hälfte der Strophe die Lesart dieser Handschrift. *il n'est si grant folie que de sage home*, Leroux I 160.

86,1 *pou* ‚kaum, schwerlich, selten‘; *Poi i voi mais aler nului,* Barb. u. M. I 286, 502; *pou voi celui qui face Grant hardement qui si menace*, Ren. 16687 (M IX 1329); *Pou trueve nul c'a lui s'ajoste, Qu'au departir mout ne ce plaigne,*

Beaud. 4013; *Poi voi prelat qui a droit doigne*, Barb. u. M.
I 306, 1107, und oft.

86₃ Über nichtinchoative Flexion von *emplir* s. Risop, Studien
z. Gesch. d. frz. Konjug. auf -*ir*, S. 116.

₇ Das Sprichwort von *Fa* paßt nicht; ich finde es übrigens
anderwärts gleich wenig, wie das in den Text aufgenommene,
während *qui ne trueve, ne prent* öfter vorkömmt. Das von
A ist wohl bekannt (manchmal mit *pris* statt *ain*), Brut 1790;
Chastoiem. XXVII 94; Ille 1687; Mont. Fabl. VI 53; Chardry
III 1642; Jub. NRec. II 134; Ruteb. II 47; *Tant as, tant
vaulz, tex est li sens, En tenve mantel tenve sens*, Barb. u.
M. II 68, 111; *que* (l. *qui*) *plus a de lien, et mieuz vaut*,
Ehstl. Klosterl. S. 25; Leroux II 320. Das von H („wo recht
geliebt wird, wird es am Antlitz ersichtlich') ist mir sonst
nicht begegnet, hier auch nicht glücklich angebracht.

87₁ *en manaie* wie *en pardon* ‚vergeblich, unentgeltlich': *Maix
mult sovent me*tormente et esmaie Ceu ke je l'ai tant servie
en menaie, N'ains ne me volt de riens gueridoneir*, Bern.
LHs. 61, 1, s. auch Godefroy, wo die Stelle aus dem Bel
Descon. mißdeutet ist.

₇ Das Sprichwort, das mir sonst nicht begegnet ist, mahnt zu
verkaufen, was und wo zu verkaufen das Richtige ist, und
es mit dem Schenken entsprechend zu halten, sich vor einem
Mittelding zwischen beiden, wie es unter Verwandten oder
Freunden öfter verlangt wird, zu hüten; dasselbe ist gemeint
mit *vendre ou doner* (15. Jahrh.), Leroux II 332. Der Spruch
in D, der zu Str. 244 in seltsamer Verwendung wiederkehrt,
spricht die Beobachtung aus, die zu jener Mahnung den Anlaß giebt: ‚ein Nahestehender kauft schlecht', d. h. er kauft
zu billig, indem er die Sache halb geschenkt haben will, oder
er kauft zu teuer, weil man ihm ansinnt aus Freundschaft
mehr zu zahlen, als ein anderer thun würde.

88₃ *estre dou mains* heißt Verschiedenes, sicher auch ‚unzuläng-
lich sein, nicht genügen'; vgl. *Et que vaut çou* (wenn andre
Frauen mir freundlich entgegenkommen)? *tout est del mains.
Nule autre amors ne m'asaveure*, BCond. 342, 2169; *Lors
fu lor force si dou mains Que il n'i ot si corageus.Qui..
Alast avant*, VRag. 2976. Eigentlich ‚zum Geringern gehören'.

88₇ Vgl. *Car on oste a le fois de tel piet tel soler De coi on vorroit bien vir le gambe coper*, BSeb. XIX 238.

89₃ *le suen* wird als Dativ, *guenchir* im Sinne von ‚Wort, Treue brechen‘ zu nehmen sein; vgl. *Et manda li* (dem Turnus) *celecment Que ce sëust certainement Que Latinus li guenchisseit*, En. 3393; daher auch *de dreit guenchir a aucun*, eb. 3476, 3859.

₄ Die zweite Hälfte der Strophe bleibt mir dunkel. Nach *mais* erwartet man ganz anderes als den Hinweis auf den Widerchrist, oder doch neben diesem Hinweise den auf das Ende seiner Herrschaft. Subjekt zu *anïentist*, das doch wohl intransitiv ist, wird *li siecles* sein. Man könnte *qui* in Z. 5 auch im Sinne von *si l'on* nehmen; aber das Kommen des Widerchrists ist ja unbedingt sicher.

90₇ Nach einem bestimmten Herrn Gerold zu suchen, dem gegenüber man sich der Hoffnung getröstet hätte, er werde nicht ewig Schulze sein, man werde nicht immer unter seiner Aufgeblasenheit leiden, scheint mir nicht nötig. Der Name wird aufs Geratewohl herausgegriffen sein.

91 S. Einleitung.

₄ Die durch Dissimilation zu erklärende Form *Loradin* findet sich für *Noradin* auch sonst, z. B. in zwei Hss. des Ch. lyon 596.

₇ *de longues terres longues nouvelles* (13. Jahrh.), Leroux I 58.

92₄ *deserte* mit *terre* zu verbinden ‚ödes Land‘.

₅ *tertre: deserte* ist ein ungenauer Reim, wie Str. 59 schon einer begegnet ist und 271 ein zweiter auftritt. Eine Form *terte* vermag ich nicht nachzuweisen; da aber *tertiel* RAlix. 336, 27 und *tertelet* Escan. 14919 (neben *tertrelet* 25569) vorkommen, darf man sie vielleicht annehmen. So lange man die Herkunft des Wortes nicht kennt, ist nicht einmal sicher, daß sie nicht die ursprüngliche sei. Wäre bei *tertre* zu bleiben, so würde der Reim mit *deserte* die gleiche Art der Ungenauigkeit zeigen wie *oevre: procve, cofre: orfe, angre: change, onques: oncles* im Guill. de Dole S. XLI. *herte* in A ist eine bekannte Nebenform von *herde*, s. Godefroy unter *harde*.

92₇ *cheval donné ne doit on en dens regarder* (13. Jahrh.); *A cheval donné ne luy regarde en la bouche* (16. Jahrh.), Leroux I 102; *a chevell doné sa dent [n']est agardé* (Cambridger Samml.), eb. II 386; *a chaval doné dent ne gardet* (l. *garde* oder *gardez*), Zacher 121; vgl. Prov. rust. 45 und EVoigt zu Fec. rat. I 128.

93₂ *recovrer* ,erhalten, versorgen', vgl. *Tuit cil sunt riche et recouvré Qui un seul jour i ont ouvré*, GCoins. 73, 2025; *ge sui moult tresbons ovriers, Dont je me puis bien recouvrer, Se de ma main voloie ovrer* in Œuvr. de Ruteb. I 334.

₇ *a sentier Qui est batus, ne croist point d'erbe*, JCond. II 301, 78; das weniger passende Sprichwort von fünf Handschriften findet man in neueren Fassungen bei Leroux I 54, in der von A eröffnet es eine Legende aus den Vies des anciens pères bei Méon II 201, 1 (vgl. eb. 214, 398); s. auch Prov. rust. 21 und Fec. rat. I 182 und dazu EVoigts Bemerkungen samt der von GParis im Journal des Savants 1890, 567.

94₁ ,ein junger Mann, der eben erst zur Selbständigkeit gelangt ist'.

₇ Leroux II 264; bei Zacher 52 liest man *mieiz vaut tirer que rompre*, hinwieder *Mieus vient tendre que deskirer*, VdlMort 24, 12, augenscheinlich mit dem Sinne ,besser Leid ertragen als alles zu verlieren'. Der Spruch wird hier bezogen auf die Mühsale der Ausnutzung eines Grundbesitzes, die aber zu Wohlstand führen.

95₁ *escondire* hier (Angebotenes) ,ablehnen'.

₂ *mout* mit *maint* verbunden ist ziemlich selten: *Kar en cel eglise a mult meinte desturnee*, SThom. 5618.

₃ ,Hinweg! das ist kein richtiges Geschenk'. Das unausgesprochene Subjekt zu *prëist* ist der, der so abgelehnt hat.

₇ ,Immerhin fischt doch, wer (auch nur) irgend etwas erwischt' d. h. wenig ist besser als gar nichts; *tousjours pesche, qui en prend ung* (15. Jahrh.), Leroux II 71. Auch die Fassung von F*a* wäre an sich nicht völlig verwerflich (,auch wer nichts fängt, fischt doch immer' d. h. hat doch das Vergnügen des Angelns), aber das würde zur Strophe durchaus nicht passen. Oder soll man die Fassung von F*a* verstehen ,der kann ewig fischen, kommt an kein Ende mit Fischen, der nichts nimmt, was sich ihm

bietet'? Mich so zu entscheiden, wie im Texte geschehen ist, hat mich die Variante bei Leroux mitbestimmt.

96₁ ‚sein Leben und Treiben verborgen halten'; so rät der Roman von der Rose *Mes vers la gent tresbien te cele Et quier(s) autre achoison que cele Qui cele part te face aler; Car c'est grans sens de soi celer*, 2399.

₇ Leroux II 334, 396 (Cambridg. Samml.); Zacher 244; auch in lateinischer Predigt bei Hauréau II 282. Der Spruch von Fβ, den ich weiter nicht belegen kann, würde zur Strophe sich gleich gut fügen, wie der in den Text aufgenommene. Der von A, den man auch bei Leroux II 232 (*il fait mal tensier a voisin*, 13. Jahrh.) findet, paßt schlecht; völlig ohne Verstand ist der von D angebracht, der in Str. 13 begegnet ist.

97₃ Das Verhältnis, in dem der Dichter zur Grafschaft Flandern steht, welche ihm den Unterhalt gewährt und in deren Dienst zunächst er seine Kunst stellt, erscheint ihm als eine Art Lehensverhältnis. Übertragenes, Aufgegebenes, Gewährtes verschiedenster Natur wird *fieu* genannt: *de moi font messaigier, Tex est mes fiés, cent mars ai de loier*, Gayd. 117; ein Dichter sagt zur Minne *De bien ameir geist en moy vostre fiés*, Bern. LHs. 450, 4; was einem Gefangenen zum täglichen Unterhalte geliefert wird, heißt so in Og. Dan. 3140; *Dunez m'un fieu, ço est li colps de Rollant*, Ch. Rol. 866; das einem besiegten Ritter abgenommene Roß wird einem andern als *fief* geschenkt, Perc. 8747.

₅ *recovrer* hier ‚Zuflucht, Versorgung, Unterhalt finden'; anders 93.

98₇ Leroux I 198 (16. Jahrh.); *En un jor ne fist l'en pas Rome*, Ren. 8758 (M Va 780); vgl. *on ne fait pas tot en un jor*, Robert 84.

99₂ ‚macht Schulden auf einen andern'.

₃ Vgl. *Bien avra* (Theophilus beim Anblick der teuflischen Legionen) *tressailli son ombre, S'il n'ist du sens ainz qu'il retourt*, GCoins. 37, 346; *A vis m'est que cist bien tressailli son umbre a Qui puet faire en cest siecle chose dont gré li sauhes; Car touz ceus qui te servent, traiz* (l. *trais*) *tu ou ciel et sauhes* (zur h. Jungfrau gesagt), eb. 748, 443; *Mors, qui les montés fais descendre Et qui des cors as rois fais rendre* (l. *cendre*), *Tu as tramail et rois et nasse por devant les haus homes* (l. *le haut home*) *tendre, Qui por se pöesté*

estendre Son ombre tressaut et trespasse (Helinant) VslMort
XX; die Redensart scheint zu bedeuten ‚Außerordentliches,
Ungewöhnliches thun‘, hier wohl eher ‚sich übernehmen, über
das richtige Maß hinausgehn‘. *ombre* ist altfranzösisch (wohl
nach *nombre*) meist männlich.

99,7 *coustes* nehme ich im Sinne von ‚Kosten‘, wie es von Godefroy
unter *coste* 3 nachgewiesen ist, auch in Cout. Bourg. 11 und 17
begegnet. Daß *coutiaus* ‚Messer‘ das Richtige sei, kann ich
nicht glauben; eher möchte ich, namentlich im Hinblick auf
die Fassung des Spruches in H, an *cotes* ‚Kutten‘ denken, wie
denn vielleicht mit dem *coutel* von D *cotel* gemeint ist; aber
es muß auffallen, daß keine Handschrift *cot*- bietet.

100,5 *de maison* ohne Artikel, wie *en maison, a maison, vers maison*
auch da ganz gewöhnlich sind, wo an ein bestimmtes Haus
gedacht ist; vgl. *li abbes de Los en Flandres, qui estoit de
maisons de l'ordre de Chistiax,* RClary 1.

7 S. Str. 260. *qui fol envoye a la mer, n'en rapporte poisson
ne sel* (15. Jahrh.), Leroux I 161. Das Sprichwort von AH findet
sich auch bei Robert 20 (*qui fouz anvie, fouz atant*), paßt
aber hier nicht.

101,2 ‚meinen, jeder weitere verdiente Lohn (d. h. Strafe) bleibe
ihnen erspart‘.

7 ‚wo Gewaltthat eintritt, greift die Gerichtsbarkeit (der Macht-
haber) zu‘.

102,2 S. 41.

7 *qi ad payn e saunté, riche est, si ne le set* (Cambridg. Samml.),
Leroux II 393; *qui a pes e santé, riches est asez,* Zacher 94,
ist, wie die Übersetzung zeigt, nicht Schreibfehler (*Si cui
pax detur et corpore sanus habetur, ...*).

104,6 ‚er wird (seinen Schaden) nicht von ihm abwenden‘.

7 (13. Jahrh.) Leroux II 289; *qui ad mauveys vaisin, il ad
mauveys matin* (Cambridg. Samml.), eb. 393; *qui a mal veisin, il a mal m.,* Zacher 178; gleichlautend wie im Text, Robert
55; ebenso in lateinischer Predigt bei Hauréau II 282; *Et cil
qui a mauvais voisin, Il a sovent mauvais matin,* Barb. u.
M. II 119, 145; *Seignor, ce dient li devin, Il est escrit en
parchemin Que cil a sovent mau matin Qui pres de lui a
mau voisin,* Ren. 7385 (M XVIII 3); *Souvent est coureciés,*

qui a maurais voisin, RAlix. 414, 30; *Des or croi je bien cest latin: Mal voisin done mal matin*, Ruteb. I 68.

105₇ *encontre la mort n'a nul ressort* (13. Jahrh.), Leroux II 220; *contre la mort n'y a point d'apel* (16. Jahrh.), eb. 205; *Ki ad ceste racine, Mult valt a medicine De trestut[e] enfer-(me)té ... Fors sulement de mort, U il n'ad nul resort*, Phil. Thaon Best. 102; nur im allgemeinen stimmen dazu Floril. Gotting. 17, Prov. rust. 7, Fec. rat. I 725. *resort*, das im Reime zu *mort* sehr oft begegnet, heißt ,Einrede, Einspruch'. Den Spruch von FyD, der 142 wiederkehrt und in welchem *coife* ein seltsamer Fehler ist, verzeichnet aus dem 13. Jahrh. (mit richtigem *queue*) Leroux I 129, aus der Cambridg. Samml. derselbe II 389; daß der Schwanz am schwersten zu schinden sei, lehren Sprüche eb. 239, 246; *en la keue gist li fais* liest man VdlMort 277, 1.

106₂ ,er macht aus seinem Diener einen Herrn' d. h. er läßt sich von ihm sagen, was zu thun sei, und legt ihm d. h. seiner Meinung Wert bei. *metre a fuer* ist ,veranschlagen': *Or le* (unser Verhalten gegen ihn) *metra a itel fuer .. comme voldra; Ja por lui dex ne nos faudra*, Guil. Mar. 9258; *En non dieu, je les voy toutes a un fuer mettre, Celles qui riens ne sevent, celles qui sevent lettre*, GMuis. I 218.

₆ ,daß es (das Geschenkte) ihm aus dem Herzen herausgerissen werde'; so weh thut es ihm.

₇ Aus dem 13. und fast gleichlautend aus dem 16. Jahrh. bei Leroux II 68; vgl. *le maistre donne, serviteur grogne* (16. Jahrh.), eb. 80; *que danz done, et serf plure*, Zacher 243.

107₄ *rendenge: prenge* könnte ursprünglich sein; letztere Form ist in Str. 4 sicher; *rendengier* in übertragener Bedeutung ,plündern' kommt auch sonst vor, s. Godefroy (wo die Stelle aus Renart wunderlich mißverstanden ist) und *prevost qui tout atrapent, Qui tout rendangent, qui tot grapent*, GCoins. 595, 64.

₇ *Qui nil possedit, nichil hic se perdere credit*, Prov. rust. 39, darf verglichen werden, und so fehlt es nicht an anderen gleichbedeutenden, aber verschieden lautenden Sprüchen: *l'on ne peut escorcher une pierre*, Leroux II 254; *nudum culum nullus spoliabit*, Sal. et Marc. a 4 r⁰: s. auch den der nächsten Strophe.

108₄ *coquin* ist in der alten Zeit ‚Lump, Landstreicher‘: *povrcs coquins paillars*, GCoins. 510, 192; Eust. Moine 920.

₇ Verwandt: *qi rien ne port, rien ne lui chet* (Cambridg. Samml.), Leroux II 394, (15. Jahrh.) 309.

109₄₋₆ Die drei Zeilen sind uns in Str. 6 an Stelle des Sprichworts in einer Handschrift bereits begegnet.

₇ ‚ein geizig Weib salzt dreimal‘, weil es ihr schwer wird, gleich im ersten Mal genug Salz zu geben. *femme aver treys foiz sele* (Cambridg. Samml.), Leroux II 389.

110₇ Cambridg. Samml. bei Leroux II 388. Der Spruch paßt insofern nicht völlig, als die Strophe von Armen, Ohnmächtigen spricht, der Spruch vom Narren oder vom Kinde.

111₁ Vielleicht *desmesurez* zu schreiben.

112₆ Der Vers begegnete schon Str. 58.

₇ *nus n'est si large que celuy qui n'a que donner* ₍15. Jahrh.₎, LerouxII 271; *nul n'est si large cum cil qi n'ad dener*(Cambridg. Samml.), eb. II 392.

113₈ Auch *palazine* (Hds. A) bezeichnet ‚Lähmung‘ *(paralysim)*, s. Godefroy und Rec. méd. 43 (Romania XVIII 575 ₎, Form. HV 483.

₇ Irrtümlich *mieux vault os donné que os mengé* ₍15. Jahrh.₎, Leroux II 263; dagegen *mieiz vaut oef doné que mangé*, Zacher 153; *Miex vaut euf donné qu'euf mengié*, Clef d'am. 1492, dazu Prov. rust. 20; vgl. auch *meuz valt pume dune[e] que mange[e]*, Meyer S. 174; *Miex vaut li pums donnés que mengiés a son dent*, BSeb. XII 852.

114₁ *lasche* ‚schlaff‘ oder auch ‚gering, unbedeutend‘: *Et vie d'omme est corte et lasque*, Barl. u. Jos. 277, 2; *En moi povre repast avrés, Quar je sui lasches et petis*, Oisel. 237; *tu ies une lasche criauture, si averas de pou asseiz*, Men. Reims 409.

₇ Wohl weniger ein Sprichwort, als eine sprichwörtliche Redensart, zu der je nach Umständen ein anderes Subjekt gedacht wird. ‚So lang es vorhält, hilft es‘.

115₁ *d'enfance* ohne Artikel: *Einsi m'apele l'en d'enfance*, Méon I 267, 2408; *li rois avoit nourri un menestrel d'enfance*, Men. Reims 77; *Sages.. Estoit li connestables et ot esté d'enfance*, RAlix. 208, 14; ebenso *des enfance*: *La langue dunt sunt Des enfance usé*, Reimpr. I 128; *Quar tu l'* (Gott)

as servi des enfance, Ruteb. I 135; so wohl auch Erec 6053 statt *de s'anfance* zu lesen; *se connurent des enfance,* Guil. d' A. 95; *Douce dame, trop ai fait grant folie, Quant ne vous ai bien servi des enfanche,* Lied in Romania XVIII 489.

115₃ *soi repentir* ist nicht allein ‚bereuen‘, sondern auch ‚zurücktreten, abstehn‘: *Si Arrabit de venir nes repentent, La mort Rollant lur cuid chierement vendre,* Ch. Rol. 3011; *Et se nus de vos se repant* (von der Teilnahme an dem beabsichtigten Angriff), *Sachoiz qu'an trestot mon aage Ne l'amerai,* Clig. 1856; *Mais pour manace ne pour don Ne se vorent il repentir De lor malise maintenir,* Mousk. 28237; ein galanter Greis sagt: *Encor ne sui pas repentans D'amer, qui ai priès de cent ans,* JCond. I 212, 1405; daher auch ‚rückgängig m...hen‘: *Que volantiers m'an repantisse Tot maintenant, se je pöisse,* Ch. lyon 435; *a Renart le clef baille, Dont puis forment se repentist Moult volentiers, se il peuist,* Ren. Nouv. 2823; *Et volentiers s'en repentist, S'au repentir venir peuist,* Ch. II esp. 689.

₄ *aprendre* ‚sich an etwas gewöhnen‘, s. Zts. f. rom. Phil. II 144 zu 2480.

₇ *dentëure* ist hier natürlich nicht ‚Gebiß‘, sondern ‚Zähmung‘ von *denter, danter,* der Nebenform von *donter,* jetzt *dompter* geschrieben, die Foerster, Zts. f. rom. Phil. XIII 535 belegt. Unrichtig ist das Wort nach Barbazan gedeutet bei Leroux I 126, wo die zwei Verse, die man bei Barb. u. M. I 86, 119 findet, fälschlich dem Gautier von Coinsy zugeteilt sind; ebenda II 393 giebt die Cambridg. Samml. *qi prent bayard en amblour, si voet tenir le jour qu'il dure,* was so schwerlich hinzunehmen ist; bei Zacher 88 findet man neben der Übersetzung nur die ersten zwei Silben des französischen Spruches; *que aprent poulains en dentëure, celui* (l. *cel us?*) *maintient tant comme il dure,* Phil. Nov. QT II Var. 11; *[qu'a]prent cheval en dentëure, si veut tenir les jors que d(e)ure,* in lateinischer Predigt bei Hauréau II 282; *A peine ublie ço k'aprent pulein en sa (a)danture,* SAub. 619; offenbar hat unser Sprichwort auch Calendre im Auge, wenn er von einem schlecht erzogenen Prinzen sagt *Qu'ancor se tient an l'anblëure De*

sa premiere donlëure, Et honiz soit qui le donta Et qui premiers sor lui monta, Rom. Stud. III 94, 80. Vgl. Prov. rust. 71, Fec. rat. I 653.

116₀ *covent* ,Genossenschaft'. *A tant s'assist li mestres rois Et li autre communaument, Com se il fussent d'un couvent*, Tr. Belg. II 192, 436.

₇ *Tout li doit de le main ywel voir ne sont mie*, GMuis. I 198.

118₂ *brasse*, des Wortes Sibilant reimt teils mit *ss*, teils mit *c*, der Infinitiv hat *cr* und *ier*. Die Bedeutung ist außer ,brauen' auch ,anrichten, ins Werk setzen, bereiten'.

₅ Mit *il* ist der Diener gemeint.

₇ *qui bon* (1. *son*) *chien veut tüer, la raige li met seure* (13. Jahrh.), Leroux I 109; ebenso, aber mit *mette* (Cambridg. Samml.), II 394; Zacher 139; *Qui le chien voeilt ocirre, tüer el mehaignier, Le rage le met seure, se le fiert d'un levier*, BSeb. XI 745; *qui le kien voelt honnir, Le rage lui met seure pour lui faire morir*, eb. XII 393; *Qui le kien voelt tüer, on li mait sus le rage*, GMuis. I 224.

119₄ Etwa *rest* zu schreiben?

₇ *noire geline pont blanc oef* (13. Jahrh.), Leroux I 113; (Cambridg. Samml.) eb. II 392.

120₃ *damoisel* im Sinne von ,Herr, Meister': *Moult ert sires et damoisiaus De toz les biens que terre porte*, Barb. u. M. IV 256, 22; *Au bon conte ... Pria li rois qu'il se deport En ses forès, en ses castiaus; De tout veut qu'il soit damoisiaus*, Jeh. et Bl. 6058; *Car de Flandres jusq'a Bordiaus Est li rois souvrains damoisiaus*, Mousk. 31042. Das Verbum *damoiseler* im Sinne von ,als Herrn behandeln' ist sonst altfranzösisch nicht bekannt; vgl. *danceler* bei Godefroy.

₇ Zacher 49; *privez sires noriz foul*, Robert 91; *privé seignur fait fol garçun*, Meyer S. 179; *l'an dit et voirs est que privez sires fait fole mainie*, Phil. Nov. QT 28.

121₂ ,flößt seinem reicheren Nachbar Besorgnis ein'; die übrigen erdrückt er.

₇ Das Sprichwort ist schon vielfach belegt, durch Michel bei Leroux II 355, durch Gachet unter *force*, durch PMeyer in der Rev. crit. 1868 II 138 und 319; ich füge hinzu: RCambr.

6665; Og. Dan. 5541; Gayd. 68; BSeb. IV 165 (mit dem Zusatz *et li leus le brebis*); Gir. Ross. 216; Elie 2384 (wonach Karl Martel der Urheber des Dictums wäre); Cour. Ren. 1357; Ren. Nouv. 6012; CPoit. 67; Jub. NRec. II 360; HVal. 592 (die Bemerkung dazu Romania XIX 68 A. 3 geht etwas zu weit); Gil. Tras. 15 b, 30 b, 55 a. Von Sammlungen ist noch zu erwähnen Meyer S. 173, Prov. rust. 23. Bei Leroux I 56 liest man *c'est la fau qui paye lez prez* und *la faulx paie les prez* mit seltsamer Neuerung.

122₄ ,wenn er irgend davon bezahlt, so braucht er hernach nicht mehr das Ganze zu tilgen'.

₇ (15. Jahrh.) Leroux II 309; Zacher 147 (wo *se quite* steht); lateinische Predigt bei Hauréau II 280; Ehstl. Klosterl. 23 (wo *sent ombre* gelesen ist). *qi se aquite, ne se mecompte* (Cambridg. Samml.), Leroux II 394.

123₁ *aparenter* ,als Verwandten behandeln': *Or le baisent tuit li voisin, Or l'aparentent si cousin,* Eracl. 2809; *N'i* (in der heutigen Welt) *vaut riens parenz ne parente, Povre parenz* (l. *parent) nus n'aparente,* Ruteb. I 226; *Fierement se requerent; l'uns l'autre n'aparente,* RAlix. 483, 9.

₃ Vielleicht *cuit.*

₇ *bone journé fait qc de fol se delivre* (Cambridg. Samml.), Leroux II 387; *bon jornal fet, que* u. s. w., Zacher 257; *bone jornee fait qui dou* u. s. w., Robert 30; mit kleinen Fehlern auch in lateinischer Predigt bei Hauréau IV 143.

124₁ *enploite* ,Bemühung, Bethätigung': *A lui* (l. *li,* die h. Jungfrau) *servir a riche emploite,* GCoins. 300, 122; *Par bien oeurrer te feras oir De l'eritage par seoir* (l. *porseoir) Ou ains n'antra mauvaise emploite,* BCond. 261, 492; *k'il ne li aviegne K'il se desvoit* (vom Wege des Heiles) *par povre emploite,* Rencl. M 197, 10. Bei Godefroy nur ganz späte Belege.

₂ *A soul son oès* habe ich eigenmächtig eingeführt; mir schien der Ausdruck dafür unentbehrlich, daß die begehrte Thätigkeit nur dem Begehrenden Nutzen verspreche.

₄ Mit *ce* ist das gemeint, was durch des Angerufenen Bemühung gewonnen werden soll; *il* in Z. 6 scheint mir der Helfer.

₇ Zacher 32; Meyer S. 174; *Qui ne donne ce qu'il a chier,*

Ne prent mie çou qu'il desire, Roi de Cambrai in Œuvr.
de Ruteb. I 446; *Qui(l) ne done ce que chier tient, A ce
qu'il aime, a poine vient*, Méon I 74, 1170; *Non capit op-
tatum, qui non impendit amatum*, Prov. rust. 18.

125₃ ,gedeiht und nimmt zu'.

₅ Der Vers ist mir unverständlich. Das letzte Wort (*otrans:
ahans* in den Handschriften) scheint durch Z. 6 erklärt werden
zu sollen, aber ein Verbum *otrer*, das etwa dem lateinischen
auctorare gleichzusetzen wäre, kenne ich nicht. Soll man
otrianz schreiben und *Et* tilgen? *otriant* als Epitheton Gottes
ist mir auch nicht vorgekommen; *outranz* von *outrer (ultr..)*
paßt nicht.

₇ *mal herbe meus crest* (Cambridg. Samml.), Leroux II 391;
male herbe croit, Robert 61; *Penser dois*.. *Que male herbe
volentiers croist*, VdlMort 246, 9; *male herbe croist en poi
d'eure*, Jub. NRec. I 288; *On dist que males hierbes en
petit d'eure(s) croissent*, GMuis. II 52; *C'on dit que mauvais
arbre* (Var. *maulraise herbe*) *croist volentiers assez*, Dit Rob.
D 138.

126₇ (15. Jahrh.) Leroux II 294; *quant fol reit taillcr quir, si
demande correies* (Cambridg. Samml.), eb. II 393; *quant fox
voit taillier cuir, s. d. c.*, in lateinischer Predigt bei Hauréau
II 281.

127₇ Nur den ersten Teil des Spruches findet man bei Leroux:
vis est tenu par tout, qui riens n'a (13. Jahrh.), II 333; *qui
rien n'a, rien n'est prisé* (15. Jahrh.), eb. II 308; vgl. Floril.
Gotting. 51.

128₁ *orfanté* ,Entblößung, Dürftigkeit' wie Str. 9.

₇ Vgl. *Mes petit* (l. *pou*) *done, qui n'a de quoi*, GMetz in
Romania XXI 494, 608.

129₅ *atraire* ,ansammeln': *Ke raut quanqu'avarice atrait? Mors
en une heure tot fortrait*, (Helinant) VslMort XXVII; *li cai-
tif Doivent vivre, comment qu'il l'aient, De çou que li proudome atraient*, Guil. d'A 63; *il sout tant faire Qu'il sout le
son atraire*, Ph. Thaon Comp. 556.

₇ *qi estoye de sun diner, meuz li est de* (l. *a*) *soun soper*
(Cambridg. Samml.), Leroux II 394; *qui garde de son disner,
mieulx luy en est a son souper* (15. Jahrh.), eb. II 299; *qui*

estorne (l. *estoie*) u. s. w., in lateinischer Predigt bei Hauréau IV 119; *qui estire* (l. *estuie*) *de son digner, a sa marande li pert,* Robert 7.

130 Wer von seinem schlechten Schuldner nicht Scheune oder Turm als Pfand hat, weise keine Zahlungsanerbietungen von dessen Seite zurück (auch die geringsten Teilbeträge nicht); wenn er (der Schuldner) weiteres zum Abtragen der Schuld nicht hat, so soll er (der Gläubiger) jedes beliebige Stück Hausgerät (an Zahlung) annehmen. — Da nun das Sprichwort sagt, vom schlechten Schuldner bekomme man gar nichts, so wird *prendre* hier von einem Erlangen der Zahlung auf dem Wege gerichtlichen Einschreitens (im Gegensatze zu freiwilliger Teilzahlung) zu verstehn sein.

131 Die Strophe ist vielleicht mit zu großer Kühnheit von mir behandelt. Ich verstehe: die, die gütige Herrn haben, loben diese jederzeit um der großen Ausgaben willen, die sie etwa machen; wenn dagegen jeder sein Weib hat, so hält er, was sie etwa ausgiebt, für sehr übel angewandt (weil es jetzt aus der eignen Tasche geht). — Die Form *el* in Z. 5 für *ele* kommt 221 noch vor; *semer* übertragen auf Ausstreuen, Verbreiten von Büchern, Irrlehren ist nicht selten, also auch hier nicht zu beanstanden; vgl. Str. 2. Das Sprichwort trat schon 58 in einer Handschrift auf, s. (13. Jahrh.) Leroux II 207 (die dort citierte Dichterstelle findet sich bei Barb. u. M. I 129, 516); eb. 348; (Cambridg. Samml.) eb. 388; Zacher 108 (*de autre cuir* u. s. w.); Meyer S. 172; s. EVoigt zu Fec. rat. I 271.

132₁ Hier ist von wirklichem, in der folgenden Zeile von nur in Aussicht genommenem Aufwande die Rede.

₄ *fournir son poindre* ‚seinen Ritt vollenden', also ‚bis ans Ende gehn'.

₇ Der *chaperon* als das, was zu einer vollständigen *chape* mitgehört, erscheint auch in dem Spruche der Cambridger Sammlung *qi fait chape, se* (d. h. *si*) *fait chaperoun,* Leroux II 394 oder in *Mes tant vous rueil prïer .. Que ne donnés jamès cape sans caperon,* Gaufr. 276; *Se il sens perte s'en eschape, Senz caperon set taillier cape,* Ren. M VI 486.

133₈ Figürlich wie hier auch *S'or n'est chäuz en mal* (l. *maus*) *liens, Moult sera bons rectorï(ci)ens,* Ren. 14187 (M VI 483);

*Si m'i envoie uns siens parens Ki n'est pas ore en maus
loiens, C'est des Illes li'rois Briens, Ki de grant joie est
ore plains,* Ch. II esp. 3889; ähnlich .. *roy Urïen, Qui forment iert en grant lien; Si anemi si pres le tienent Que
chaucun jor assaillir vienent..,* Claris 17891 (vgl. *dans de
mauvais draps*).

133₅ *soi regarder* heißt sonst ,sich umsehn', hier und 151 wohl
,sich einer Sache versehn', *s'y attendre.*

₇ *en petit hure dieu laboure* (Cambridg. Samml.), Leroux II
389; (13. Jahrh. und 16. Jahrh.) eb. I 14; *en poi de oure
dex labore,* Zacher 187; *En petit d'eure diex labeure, Tels
rit au main qui au soir pleure,* Barb. u. M. III 397, 139;
Car diex laboure en petit d'eure, Méon II 243, 234; *En
petit d'eure diex labeure; Garir puet, s'en nous ne demeure,
La plaie, ja n'iert si parfonde,* Jub. NRec. I 288; *Mais en
pou d'eure dieus labeure, Teis rit au main qui au soir
pleure,* Men. Reims 279; *Li vilains dist que diex labeure,
Quant il li plaist, en moult peu d'eure,* Fl. u. Bl. 1641; *Il
est bien voirs qu'en petit d'eure Oevre damedieu et labeure
La ou il li plest a ouvrer,* Méon II 360, 945; *Car diex labeure en poi d'espasse,* Watr. 263, 1018; *En poi d'ure deu
labure, ço dit li mendiant,* Jord. Fant. 1578.

134₇ Der Spruch, der mir sonst nicht vorgekommen ist, soll
wohl sagen: mancher zeigt unter Umständen das zudringliche
Gebahren eines Hundes und lebt doch sonst wie ein Mensch
und will als solcher angesehn sein.

135₇ *qui va, il lesche; qui repose, il seche* (15. Jahrh.), Leroux II
312; *qui vet, leche; qui set, seche,* Zacher 127; *L'en dit
pieça: qui va, il leche, Et qui toz jors se siet, il seche,* Barb.
u. M. IV 216, 381; *Et quant il fu hors de la porte, Si dist
a soi: qui siet, il seche; Et puis si dist: qui va, il leche,*
eb. III 272, 260. Vgl. hier Str. 256.

136₂ *herne* hat wie nfz. *hernie* aspiriertes *h.*

₇ Vgl. Str. 43₇.

137₇ Vgl. zu Fec. rat. I 171.

138₆ *rover* hier absolut ,betteln', wie sonst *rover son pain.*

139₅ ,wenn er in diesem irdischen Leben verbleibt', d. h. wenn er

nicht stirbt; vgl. *un veil chanu Qui a le siecle maintenu Quatre vinz ans ou pres de cent*, Besant 910.

140, *a longue corde tire, qui d'aultrui mort desire* (15. Jahrh.), Leroux II 164; *a longe corde tire, qui autre mort desire* (Cambridg. Samml.), eb. 386; *longe teile tire, qui autre mort desire*, Zacher 209.

141, *Que* ist adverbial.

, *il est bien larron, qui dérobe un larron*, Leroux II 230; *Fors lerres est qu'a larron emble*, Ruteb. I 220; *Mais bien est luires, qu'a leiron Puet enbler*, Joufr. 4312. Überall ist zwiefache Auffassung zulässig: ,es giebt wohl einen Dieb, der einen Dieb bestiehlt' oder ,der ist ein rechter Dieb, der einen Dieb zu bestehlen versteht'. Die Strophe legt die erste Deutung näher.

142, S. zu 105.

143, *deservir* heißt hier ,vergelten'. Zu den von Godefroy beigebrachten Belegen für diesen Sinn füge ich hinzu: *Se je ancor nel ros desserf, Bien me porroiz tenir por serf*, Athis 1227; *Dame, qui vous saroit a vo voloir siervir, Que vous le sariés bien largement desiervir*, Priere Theoph. in Zts. f. rom. Phil. I 251, 42b; *Dame, vous nous siervés a vo coust voirement, Mais nous le desiervons a vous mout povrement*, eb. 44b; *La pucele avons morte, pour voir le vous disons.* — *Seignor, ce dist la vielle, bien le desservirons*, Berte 676; *se tu sers Un haut homme pour deservir Ses biens fais, et pour biau servir Aies sa bonté deservie, . . Ton biau servir deservira*, Watr. 81, 105.

, Scheler hat zu JCond. II 237, 64, wo der Spruch begegnet, bereits auf eine Stelle in Crestiens Perceval verwiesen, wo er wiederkehrt; ich habe im Jahrb. f. rom. u. engl. Litt. VIII 351 drei andre hinzugefügt; hier verweise ich noch auf einige weitere: Chr. Ben. 13152; SNic. 564; Ren. 14158 (M VI 458), 15588 (M IX 274); Escan. 18360; God. Bouill. 159; Chastoiem. IV 25; Eust. Moine 2076; franz. Chronik in Mon. Germ. hist. Scr. XXVI 608, 4; Joufr. 4286 (in wunderlich mißverstandenem Verse); Lais inéd. I 665 (Romania VIII 49); Jub. NRec. II 26; vgl. Meyer S. 174. An die Strophe selbst erinnert *on norrist tel et fait tot bien Que mix li vendroit faire un chien*, Guil. Pal. 3641.

144, ,Nutzen ziehn aus einem Bösewicht'; vgl. *Vous avés fait de
mi vo preu,* Ju Ad. 1011.

₂ In gleichem Sinne braucht *atraire* Raoul: *cil n'est pas sages
Ki les* (die Dürftigen) *atrait ne qui lor done,* Eles 377.

₆ *avoir fait d'a. r.* ,mit etwas fertig sein'.

₇ (13. Jahrh.) Leroux I 109; *tant doit l'en blandier le chin que
l'en soit passé,* Zacher 36; vgl. Prov. rust. 30.

145, *entre deux vers la tierce mëure* (13. Jahrh.), Leroux I 53;
entre deus verds la tierce est mëur (Cambridg. Samml.), eb.
II 389; *entre deus verz une melure,* übersetzt *Si pira sint
dura, sint intermixta matura,* Zacher 16 und ebenso, nur mit
la terce statt *une,* 148; in den Prov. rust. 6 liest man *Tercia
matura fit res inter duo dura.* Mit Hinweis auf dieses Sprichwort sagt der Dichter des Fablel *Dou couvoitous et de l'en-
vious,* nachdem er die Absicht geäußert hat nach viel Er-
dichtetem etwas Wahres zu erzählen, *Mes cil qui du mestier(s)
est fers, Doit bien par droit entre deus vers Conter de la
tierce mëure,* Barb. u. M. I 92, 8, und in ähnlichem Zusammenhang sagt Gilles li Muisis, nachdem er von der frommen Dichtung geredet hat, *Et se dient des autres dis, Dont on laist
souvent les mesdis, A le fie revient telle heure (Entre deus
verdes une meure) Que il redient des risees Pour eslaichier
les assanlees, Sottes cançons et sots rondiaus,* I 90. Es scheint
damit auf die tröstliche Wahrnehmung hingewiesen, daß zwischen
viel Unwillkommenem auch Erwünschtes manchmal mit unter-
läuft, unter Unbrauchbarem Nützliches oder noch allgemeiner
unter Gleichartigem Besonderes. Hier ist der Spruch seltsam
angewandt auf den, der, in der Regel teilnahmlos, auf einmal
thatkräftig wird, wenn sein Vorteil in Frage kommt. Zu den
weiblichen Adjektiven sind eigentlich Fruchtnamen hinzuzudenken.

146, *ki fait ce qu'il puet, on ne luy doit plus demander* (13. Jahrh.),
Leroux II 298; *qi fait ceo que il poet, ne se feynt* und *qi
tant ad fait q'il ne put mees, l'em le deit lessez* (l. *lesser*) *en
pees* (Cambridg. Samml.), eb. 394, 395; *Et quant li hom fait
çou qu'il puet, Vilains est qui plus li demande,* BCond. 327,
1723.

147, *tour* ,Abwendung vom graden, kürzesten Wege, Umweg'.

147, *qui a besoing de feu, avec le doigt le va querre* (15. Jahrh.), Leroux II 288; *qi ad besoigne de fu, as ungles se* (l. *le*) *quert* (Cambridg. Samml.), eb. 393; *qui mester a dou feu, a son doit le [va] querre*, Zacher 253; *J'ai öi dire en aucun liu Que cil ki a mestier dou fu, Le quiert au doit ens el fouier*, Ferg. Variante zu 180, 14; *Car on seut dire en reprovier Que cil qui a dou feu mestier, Le voist a son doit porcacier*, Jak. d'Am. (angeblich) II 372; *Voz avez bien öi en reprovier, Qui dou feu a et besoing et mestier, Que a son doi le doit querre an fouier*, Gayd. 249; *Öi l'ai dire sovent en reprouvier, Volenticrs quiert der feu qui'n a mestier*, Auberi in Romv. 233, 26; *qui mestier a del feu, a son doit le quiert*, in lateinischer Predigt bei Hauréau II 93 und wieder III 136.

148, *söef noe a qui l'en tent le menton*, Zacher 114; *Söef noe, biax niés, cui mentons est tenuz*, Ch. Sax. II 58; *Et chius noe bien aise, on le m'a dit piece a, Cui on tient le menton. chius qui boins amis a, Est souvens soustenus*, BSeb. XXIV 352; vgl. Prov. Rust. 2 und EVoigt dazu. Die Strophe hebt aus den zahlreichen Fällen, wo Geleistetes weniger das Werk eigener Kraft als fremder Hülfe ist, ₎ nur den einen heraus, auf welchen das Sprichwort von Fγ (s. zu 131) ebenso gut paßt.

149₃ Wegen des Gebrauches von *tout* vgl. *Il n'avoient de toz enfanz Que ce vallet que je vous di*, Mont. Fabl. I 48.

₄ Vgl. 144₄.

₇ *qui n'a qu'un œil, souvent le torche* (16. Jahrh.), Leroux II 303; *qi n'ad qe un oyl, sovent le terst* (Cambridg. Samml.), eb. 394; *qui n'a que un oil, sovent le doit terdre*, Zacher 128; *Qui n'a c'un oeil, souvent le tert*, Tr. Dits d'am. I 151 (dazu Anmerkung in Romania XXII 64); Anfang einer Legende der Vies des anc. pères in Jahrb. f. rom. u. engl. Lit. VII 406; Prov. rust. 28.

150, *Ki sun mal aoit, mal se venge*, Rou III 2636; *Cil venge mal son duel qui parmi l'a doblé*, Doon N 49. Auf die Belege für *teus cuide sa honte vengier qui l'acroist* trete ich hier nicht ein.

151₈ S. zu 133.

152₇ *qui mieux ne peut faire, o su veille se dort* (15. Jahrh.), Leroux II 302; *qui mieiz ne put, o sa veille se dort*, Zacher 159; Meyer S. 171; *Qui miex ne puet, si n'a pas tort, [S']adès o sa vielle se dort*, HAndeli II 201; vgl. *Je ne puis* (ein besseres Pferd kaufen). *tu m'as dit que doneor sont mort. Je sui cil qui par force a sa vielle se dort*, Jub. NRec. II 26.

153₇ Das Sprichwort, das mir sonst nicht begegnet ist, scheint sagen zu sollen: seinen freundlichen Gönner erkennt man schon an kleinen Huldbeweisen.

154₇ *Pieça c'om dit: parent parent; Dolent celui qui n'a nïent*, GCoins. 553, 509.

155₁ *broiier* ‚feilschen‘, s. Godefroy und *Et li hostes respont: je n'en voeil ja broier*, BSeb. VIII 191; *Trestout ensi fu otroiié, C'onques n'i ot de rien broiié*, Mousk. 21584; *Tu n'en dois broier, Quant si grant loier Presis por si poi*, Marienl. 178.

₂ ‚wann er sieht, daß er bei dem Preis bestehn, ohne Schaden das Geschäft abschließen kann‘.

₄ ‚manch einer ist unterwegs, mancher Konkurrent nämlich, der rasch nach dem greift, worum jener feilscht‘. *broiier* ist auch transitiv, wie diese Stelle zeigt.

₇ Die handschriftliche Lesart verbessert nach *bonne est la maille qui sauve le denier* (16. Jahrh.), Leroux II 185; *A le fois uns deniers* (l. *un denier*) *sauve bien boine maille*, GMuis. I 321. ‚Ein halber Pfennig, den man dran giebt, ist nicht verloren, wenn man damit einen ganzen rettet, in Sicherheit bringt‘.

156₅ *gent* ohne das *s* des Nominativs, wie nicht selten, wenn ein attributives Adjektiv auf *e* dicht dabei steht.

₇ Das (mir sonst nicht bekannte) Sprichwort besagt: ‚manches Geheimnis kommt an den Tag‘.

157₁ *pour mal* ‚krankheitshalber‘, wenn sie im heiligen Lande erkranken.

₇ ‚wer anvertraut, verlangt zurück‘. Zacher 205 mit der wunderlichen Wiedergabe *Conservare volo rem, quae mihi praecipietur; Ne pereat, timeo, quia firmiter expotietur* (l. *exposcetur*).

158 Der kleine Lehnsadel mit seiner unruhigen Streitsucht wird durch die mächtigen Fürsten ihren Zwecken dienstbar gemacht.

Er ist der gute Ochs, dessen Kraft den Karren in Bewegung bringt. Bei Leroux liest man *au bon bœuf es(t)meut on la char* (erklärt *au bon bœuf on remue la chair*) I 94, wobei sich kein annehmbarer Sinn ergiebt. *le* als weiblicher Artikel ist der Handschrift F*α* fremd. Ist mit dem *bon* ‚zahm‘ gemeint, und erscheint der kleine Adel dem Dichter als ‚guter Ochs‘ erst, nachdem die Fürsten seine Fehdelust gedämpft haben?

159 Wer seinen Gebieter, Standesgenossen oder Herrn liebt, wird auch dessen Diener freundlich ehren, so daß die Liebe, die man dem Herrn entgegenbringt, ein Gewinn auch für den Diener wird; vgl. dazu Str. 162.

160₁ Die Form *murail*, mit *s murauz* ist durch manche Stellen gesichert: *murail* im Innern des Verses Troie 16007, En. 421, M Fce G 254; *muralz (: halz)*, eb. 221, *muraus (: haus)*, Ch. II esp. 453, *muraus (: chaus* Kalk), Lais inéd. II 363.

₇ *Encore pert il bien As tes quels li pos fu*, Ju Ad. 11; *bien pert au[s] tes ques li pot'furent* (13. Jahrh.), Leroux II 153; *Ex testa qualis fuerit dinoscitur olla*, Fec. rat. I 233, wozu EVoigt die zu Horatius Epist. I 2, 69 stimmenden Sprüche nicht hätte stellen sollen.

161₁ ‚haßt sich selbst‘ d. h. thut, was ihm selbst zum Schaden gereicht.

₄ *contrefait* ist ‚mißgestaltet‘, *desfait* ‚verunstaltet‘.

₇ *de torte bûche fait l'en droit feu* (13. Jahrh.), *bûche tortue fait bon feu* (16. Jahrh.), Leroux I 46; *de tort busche fait on dreit feu* (Cambridg. Samml.), eb. II 389.

162₇ *qui m'aime, il aime mon chien* (13. und 15. Jahrh.), Leroux I 109; *qi me eyme, eme mon chen*, (Cambridg. Samml.) eb. II 394; *qui m'eime, e mun chien*, Zacher 45; *qui aime moi, s'aime mon chien*, Robert 72; *qui me aime, mon chien aime*, in lateinischer Predigt bei Hauréau II 96; *qui moi aime, et mon chien*, desgl. eb. IV 170; *Qui m'aime, si aime mon chien*, Contes dév. I 312. S. Str. 248.

163₁ Str. 55 lautet die Präsensform im Reime *çoile*.

₇ *qui preste, n'en joit; et qui ne preste, mal oit* (13. Jahrh.), Leroux II 308. Die Verwendung von *mal öir* entsprechend

der des lateinischen *bene, male audire (laudari, vituperari)*
ist mir sonst nicht bekannt.

164₃ ,so wird die Sache (das Dienen) übernommen' oder vielleicht
,so ist die Sache (das ganze Verhältnis) ausgemacht, verabredet'.

₉ ,heischt jeder seinen Dienst', was sein Dienst an Lohn aus-
macht, den Gegenwert seines Dienstes; so ist ja auch *deserte*
Verdienst (was auch deutsch zweideutig) und Lohn.

165₇ *tex nuit qui ne peut aidier* (13. Jahrh.), Leroux II 325; *teu
puit nuir qi ne puit eider* (Cambridg. Samml.), eb. 395; *tiel
put nure que ne put aider,* Zacher 185; *Mais ce dist on en
reprovier: Tex puet nuire, ne puet aidier,* Thebes II S. 191,
10690; *Teis puet nuire ke il ne puet aidier,* Bern. LHs. 232, 3;
Tiex nuist qui ne porroit eidier, Poire 3003; *Aucunes fois
tel puet bien nuire Qui [a] aidier ne se puet duire; Bien
puet pou, qui ne puet blesier* (l. *blecier); Tel vint* (l. *nuit)
qui ne puet* (l. *porroit) aidier,* I Ys. II 452. Anderwärts
trifft man auf den Spruch, der das Umgekehrte sagt: *Car tiex
ne puet a mon cuidier Nuire qui moult bien puet aidier,*
eb. I 132; *Car mainte foiz puet despaichier Tel qui ne porroit empaichier,* Lyon. Ys. 1039 (aus *Nam prodesse potest,
si quis obesse nequit*).

166₁ *entrepris* ,ertappt'.

₄ ,es ist eine ausgemachte Sache, es bleibt dabei'; der Wein ist
der noch heute so genannte *vin du marché,* mit dem man
den Abschluß des Geschäftes begießt; vgl. *Ja mais n'i jous-
terai, fais en est li marchiés,* Bast. 1765.

₇ S. zu 74, 7. Das Sprichwort belegt aus dem 13. Jahrhundert
Leroux II 301.

167₁ ,sich beklagt' über Mangel an vertraulichen Mitteilungen.
Die zwei ersten Zeilen der Strophe sind schon Str. 96 begegnet.

168₄ ,des Narren Sinn' mit der Verwendung des possessiven Ad-
jektivs, von der Verm. Beitr. II 80 gehandelt ist.

₇ *qui le bien voit et le mal prent, fait folie a bon escient* (13.
und 15. Jahrh.), Leroux II 300; ähnlich *qui ... prent, il se
folie a escient,* Prov. des philos., eb.; *qi bien veyt e male
aprent, a bon droit se repent* (Cambridg. Samml.) eb. 393;
qui bien voit e mal prent, male goute li [criet l'ueil], Zacher

258; *Cil qui mal* (vielleicht *bien?) seit, se il mal creit, Se mals l'en vient, c'est a bon dreit,* Troie 6093; *Qui le bien voit et le mal prent, Il se foloie a escïent,* Conseil 117; *l'en dit auques sovent Que cil qui bien voit et mau prent, S'il s'en repent, c'est a bon droit,* Ren. 6070 (M XVI 1216); *Cuis nais* (l. *Cius n'ait) voir de sen demie Ki lou bien voit et le mal prent,* Bern. LHs. 406, 2; *Et cil ait moult lou cuer legier Ki le bien voit et lou mal prant,* eb. 514, 4; *Car on dist ung parler en pluseur lieus souvent, Que moult est ly hons folz et nichez ensement Qui puelt avoir le bien et ainchois le mal prent,* HCap. 142; *Mult (fet) est fol ke put eslire a ascïent se prent al pis,* Débat in Romania XIII 513, wozu PMeyer eine weitere Parallelstelle beibringt; *Cil qui bien voit et le mal prent, C'est a bon droit c'il s'en repent,* geistliche Dichtung in Bull. d. l. Soc. d. A. T. 1886, 54; *ki bien voit et mal prent a bon dreit s'en repent,* in lateinischer Predigt bei Hauréau II 283; *qui le bien voit et le mal prent, il se dechoit a escïent,* desgleichen; *qui le bien voit et le mal prent, a bon droit puis s'en repent,* Lat. Landry 82; vgl. *Si bona cuncta vides et deteriora tibi des, Tristis Tiresias dempto tibi lumine fias,* Prov. rust. 49.

169₃ *contre* wie nfz. *vers.*

₇ *juper* kann ebensowohl von voreiligem Triumphgeschrei (wie 178) wie von ängstlichem Notruf verstanden werden; zu Gunsten letzterer Auffassung spricht die Variante *loing est de Rome, qui est a Pavic lassé* (13. Jahrh.), Leroux I 198.

170₂ Darf man für *pourrir* den Sinn ,verhätscheln' annehmen? Mistral kennt *pourri un enfant = gâter un enfant; pourri de la fourtuno = favori de la fortune.*

₅ *sire* gegen die Handschriften mit Rücksicht auf 176, 4. Dazu sei bemerkt,· daß *estre sire* außer ,Herr sein' auch ,herrlich, in Freuden leben' heißt: *Et mes sire Yvains est plus sire Qu'an ne porroit conter ne dire,* Ch. lyon 2051; *Mes or est mes sire Yvains sire,* eb. 2164; *qui porroit estre si sire Qu'il eüst quanques cuers desire, Çou qu'onques n'ot ne cuens ne rois, N'est çou riens a verité dire,* VdlMort 114, 1; weitere Belege in Zupitzas Archiv 85, 356, wo auch entsprechende Bedeutung von *dame* gezeigt ist.

170₇ Nichtinchoative Formen von *nourrir* sind von GParis, Romania X 42, Risop, Studien z. Gesch. d. franz. Konjug. auf *-ir* S. 116 nachgewiesen; hier ist *noure* des Reimes wegen vorgezogen. *mal norrist qui n'asavoure* (13. Jahrh.), Leroux II 258. Anders *ki ne norit, n'asavore*, Zacher 19 und abermals anders *qui nourrist, si assaveure*, in lateinischer Predigt bei Hauréau II 155.

171₃ Subjekt ist natürlich der Weise.

₇ Wenn das Sprichwort zur Strophe passen soll, so muß man bei dem, was nicht verloren gehn kann, hier an guten Namen, Ansehn denken. Ganz anders, wenn, wie in der Cambridg. Samml. Leroux II 386 der Hauptsatz lautet *a sëur dort*, wozu man Prov. rust. 39 halten mag, oder *li bons povres, a cui on ne puet riens tolir ne embler, est mout plus assëur ke li riches*, JTuim 132, 1.

172 Das Sprichwort, das 224 wiederkehrt, scheint auf alle Fälle angewandt zu werden, wo aus nicht erst neu zu beschaffendem Stoffe etwas Neues hergestellt wird, wie wenn man aus dem Schoße eines alt gewordenen Sonntagsgewandes einen neuen Ärmel macht. *de la terre on fait le fossé* (15. Jahrh.), Leroux I 58.

173₂ *puissance* (Hs. *p'ssance*) scheint mir nicht annehmbar; *privance* ,Vertrautheit, Freundschaft‘ besser als *acointance*, die doch ein *hon de conoissance* nicht erst gewinnen kann.

₄ Subjekt ist der Nachbar. *tenir* wie sonst *tenir près, prochain.*

₇ *l'herbe qu'on cognoit, on la doit bien lier à son doigt* (16. Jahrh.), Leroux I 50, wo auch ein Beispiel der Anwendung des Spruches aus den Contes d'Eutrapel angeführt ist; *l'erbe que l'en conoit doit l'en lier a sun oïl*, Zacher 165.

174₁ *De l'oiseler sanlle estre cortois*, Og. Dan. 11153.

₇ *meuz vaut mester qe espervier* (Cambridg. Samml.), Leroux II 391.

175 Wenn ich tausend Mark in Rom aufwenden kann, so ist mir eine Kirche (Pfründe) sicherer, als wenn ich sie bereits innegehabt hätte, und es wäre anerkannt, daß sie zu Unrecht mir weggenommen wäre.

₇ *que veut le roy ce veult la loy* (15. Jahrh.), Leroux II 74; *ou vet le roi, si vet la loi*, Zacher 104; *Ço ke reis vout, est*

leis, ço dïent li asquant (summa lex regis voluntas), SThom. 1629; *Mais on a conté maintes fois: U viout li rois, la va li lois*, Mousk. 27052; *Dicitur vulgariter: ut rex vult, lex vadit*, Carmen de bello Lewensi 871; s. EVoigt zu Fec. rat. I 243.

176₅ ,er säubert ihm die Hand', d. h. er leert sie, läßt nichts drin. So ist *monder* auch im Sinne von ,wegräumen, entfernen' von Rutebeuf gebraucht: *Valmondois est de valor monde, Bien en est la valor mondee*, I 87; das Adjektiv *monde* heißt öfter ,entblößt': *il remest* (nach Abtretung seiner Güter) *ausi monde Com la verge qui est pelee*, Barb. u. M. IV 478, 182; *de tot bien sunt monde*, Joufr. 582.

₇ *Quar d'un proverbe me sovient Que l'en dit: tout pert, qui tout tient*, Ruteb. I 202. Weit häufiger trifft man, was hier A giebt, *qui tout couvoite, t. p.*, worüber zu 222 das Nötige gesagt ist.

177₄ *fos est qui prodome atret Antor lui, s'enor ne li fet*, Ch. lyon 3883. Subjekt zu *veut aidier* in Z. 6 ist der Reiche.

₇ Schon 52 vorgekommen und mit dem Spruch von 182 ziemlich gleichbedeutend. *ne set le saul coment est au mue* (l. *jeun*), Cambridg. Samml. Leroux II 392; vgl. Prov. rust. 5; Floril. Gotting. 93; zu Fec. rat. I 129.

178₇ *beuf lassé va souef* (15. Jahrh.), Leroux I 94; vgl. *A tant est renuz Jouglez lors, Qui set mout bien com las buès marge (— marche)*, GDole 1636, wo nichts verderbt ist.

179₇ *de si haut si bas* (13. Jahrh.), Leroux II 213; *de tant aut tant bais*, Robert 26; *si halt si bas*, Meyer S. 178; zahlreiche Belege habe ich Verm. Beitr. I 217 Anm. gesammelt, hier sei hinzugefügt *Voir ce dist cil, ne menti pas, Qui dist ke de si haut ci bas* (so zu lesen), Flor. u. Lir. 1282; *Voirement de si haut si bas, Desoremès le puis bien dire*, GDole 3766; *Or puis jou dire: diex, de si haut si bas*, Ansëis 746. S. auch hier Str. 219 und vgl. zu Str. 21.

180₇ *a petite fontaine boit on a son aise* (13. Jahrh.), Leroux I 48; *Li vilains dist, et si a droit, Que li hom plus a aise boit A la petite fontenicle Souventes fois, quant ele est bicle, Qu'a une grande ne feroit*, Perc. 26560.

11*

181. *mençonge* ist in der alten Sprache kaum als Masculinum erweislich, auch *Que ja por vos avoirs en soit* (so die Handschrift) *mençoinge dit*, Aiol 5103 kann neben dem sonst gleichlautenden Verse 5133 der nächsten Laisse, wo *dite* steht, männliches Geschlecht nicht beweisen; so ist hier *tout* auf das Subjekt *qui* zu beziehen, obgleich *toute* mit dem prädikativen Substantiv verbunden auch durchaus der Übung entsprechen würde. — Oder soll man schreiben *Puis ert toute mençonge?* *belle promesse fol lie* (oder *lié*), 16. Jahrh., Leroux II 179; *de bel promès est li fol en joy* (Cambridg. Samml.), eb. II 388; *de bele promesse se fet fol lié*, Zacher 246; aus Anlaß von *Bele parole fait fol lié*, Lyon. Ys. 551, sind in Zts. f. rom. Phil. VI 421 Parallelstellen beigebracht, zu denen ich hier noch füge *Nenteins un fol qui va en lesse Se fet lié de bele pramesse*, Clef d'am. 732. Mit geringer Abweichung *promettre sans donner ese (?) a fol contenter*, Leroux II 285; *promesse saunz doner est au fol confort* (Cambridg. Samml.), eb. 393; *bel promettre e n̈ent doner fait fol conforter*, Meyer S. 172; *Et pour cela dit on: promettre sanz donner Ne vaut rien, se ce n'est a fol reconforter*, Jub. NRec. I 4; *Qui sanz donner a fol promet, De noyent en joie le met*, Mir. ND XXVII 681; s. EVoigt zu Fec. rat. I 592.

182. *riches ne set que les povres sont (?)*, Leroux II 315; s. zu Fec. rat. I 129 und hier zu 177.

183. Vgl. *ce que saint Martin ne manjue, se manjue sis anes* (13. Jahrh.), Leroux I 32; auch bei Rolland, Faune popul. de la France IV 241; ebenda *Saint Martin fait toujours du foin pour son âne*. In den Legenden vom heiligen Martin finde ich nichts, was zur Deutung des Sprichworts dienen könnte, wie denn zwischen dem Heiligen und dem Esel mir keine Beziehung bekannt ist, außer daß dieser jenes Namen trägt. Soll der Spruch besagen: was der Martinstag (die Novemberfröste) Freßbares auf der Wiese übrig läßt, schmeckt immer noch dem Esel? Aber warum heißt es ‚sein Esel‘, und wie erklärt sich die Variante ‚Pilger‘?

184. *en demandant on va à Rome* oder *quand* (doch wohl *qui)* *langue a, à Rome va* (16. Jahrh.), Leroux I 198; *qui lange a, a Rome vet*, Zacher 72; vgl. Prov. rust. 44.

185₇ *brais*, das ich bei Godefroy nicht finde, obwohl unter *bres* darauf verwiesen wird, ist ‚Malz‘, s. du Cange-Henschel unter *brace* und *brassagium;* ferner *De cele houre* (nämlich nach dem Keimen der Gerste) *appelleras Bres* (Glosse: *malt*), *kc blee avant nomeras*, Walt. Bibl. 158; *Toraille a brais sechier*, Mont. Fabl. II 154.

186₅ ‚er giebt dem Jüngeren Anteil am Schlechtesten‘, während er das Wertvollere für sich allein behält. ‚auf das schlechteste‘ würde *au noauz* heißen. Die Konstruktion von *partir* (hier inchoativ, s. Risop a. a. O. 111) ist dieselbe, wie in *deus me confonde, Se ja de ma terre li part Chastel ne vile ne essart*, Ch. lyon 4793; *L'uns part a l'autre liement sans dangier Ce d'armëure dont le puet aaisier*, Enf. Og. 1048.

₇ *qui ainz nest, ainz pest*, Zacher 174 *(Qui prius est natus, prius est in gramine pastus).*

187 Wer seine Schuldigkeit thut, der soll bei seinem Freunde, wo dieser sich auch befinden möge, allezeit Beifall (und zwar auch laut geäußerten) finden. Wenn jener richtig zu handeln nicht vermag (also: wenn er nicht thut, was er soll, oder nach F*α*: wenn er ihm nicht recht gefallen kann), so soll er (der Freund) das Gute doch von ihm sagen, das Schlimme verschweigen. Kurz: man ist seinen Freunden schuldig immer nur günstig über sie zu sprechen. — So wird der Spruch ‚ein gutes Wort findet eine gute Statt‘ freilich sonst nicht verstanden, sondern eher: freundliche Rede wird freundlich aufgenommen.

₇ *bonne parole bon leu tient* (13. Jahrh.), Leroux II 185; *bone parole tient bon lieu* (Cambridg. Samml.), eb. 387; Zacher 184; *Bone parole bon liu a*, Barb. u. M. I 342, 2204 (wer die h. Jungfrau zur Fürsprecherin hat, braucht nicht bange zu sein); *Bele parole boin lieu tient; Cele puet mieus tenir boin lieu Qui est dite au message dieu* (dem Bettler), *Que nus autres dis ne porroit Cascuns* (l. *C'aucuns*) *alleurs dire · vaurroit*, JJourn. 2828; *Bonc parrole boen leu tient*, SAlex. R 1 (heilsame Lehre erwirbt Gottes Lohn); eb. 13.

188₇ *qui aime autruy plus que soy, au molin se meurt de soif* (16. Jahrh.), Leroux II 290; *qi plus ayme autre de soy, au molyn fu mort de sryf* (Cambridg. Samml.), eb. 394; *qui plus*

aime autre ke soi, au molin murt de sei, Zacher 25; *qui mieuz aime autri que sci, au molin fu mort de sei* mit witziger Anwendung: *videtur enim quod quis alium plus quam se amat, qui alios admonitionibus et correctionibus pascit et se ipsum non emendat,* in lateinischer Predigt bei Hauréau II 281; vgl. Floril. Gotting. 58.

189₂ *volage* ist hier ‚leichtsinnig‘ überhaupt, nicht ‚flatterhaft‘.

₃ *deduit estrange* ‚Kurzweil durch andre‘.

₇ ‚auch schönes Gesanges wird man überdrüssig‘. *de ben chanter se ennoye l'om* (Cambridg. Samml.), Leroux II 388; *biau chant ennuie,* Zacher 29; *Por ce le dïent mainte gent: Biaus chanters anuie sovent,* RBlois in Barb. u. M. II 198, 454; *Bien voi que biau chanter anuie,* Ren. 5466 (M XVI 612); *Que beaus chancier* (l. *chanters*) *a la fëie Enuie bien,* Joufr. 3389; *L'en dit que biau chanter anuie,* Ruteb. II 158; *dire ai öi Plusors fois ke biaus chanters* (fehlt eine Silbe) *Anue,* Fl. u. Lir. 1219; *L'em s'ennuie de bon chaunter,* Rob. de Gretham in Romania XV 300, 112; in breiter Umschreibung: *Parler, chanter sans leu, sans tens Est a plusors anuis mout grans. Ja n'iert si vaillans ne si prous, Ne soit tenus por anious, Qui ne set mesure garder Et de chanter et de parler,* RBlois Bd. I S. IV; *Et dist l'en: beau chanter ennuye,* Lied gegen .Hugue Aubriot in Leroux, Rec. de chants hist. I 266; vgl. Prov. rust. 47 und *ogni bel cantare Sempre rincresce, quando troppo dura,* Orl. innam. 33, 86. S. hier S. 226.

190₁ *avoir regart* heißt, wie die andern ‚Besorgnis haben‘ bedeutenden Ausdrücke (s. Zts. f. rom. Phil. X 163) auch ‚Grund zu Besorgnis haben, zu fürchten haben‘; gleiches gilt von *criembre.*

₇ *d'un larron privé ne se peut on garder* (16. Jahrh.), Leroux II 123; *Mais on dist: de privé larron Se puet nus a paines garder,* Ren. Nouv. 1840; *dire vos voil Que l'en se gart de petit oil Et de larron qui est prové* (l. *privé,* wie ich schon Götting. Gel. Anz. 1877, 1613 vorgeschlagen habe, wo *de träison ne se puet nus garder* mehrfach nachgewiesen ist); *Li privés lerre est li plus maus,* Joh. Bouch. 195; *C'on dist pieça: plus nuist privez Qu'estranges,* bei PMeyer, Not. s. deux

anc. mscr. frç. in Not. et Extr. XXXIII 1, 39 Z. 106; *Et nule chose ne vaut pis Que fait li privés anemis*, Fl. u. Lir. 1284; *Grans peris est de privé träitour*, Lai Rose 119.

191₃ *reclamé* ‚in Ruf stehend' (schon viel früher als bei Palsgrave nachzuweisen): *Cil qui des chevaliers fu sire Et qui sor toz fu reclamez*, Ch. lyon 2401 Var.; *de la mer duskes a Sens N'eut nul escuier miex amé Ne de bonté plus reclamé*, Jeh. et Bl. 2162; so auch das Verbum ‚rühmen': *L'ami set el* (die treulose Gattin) *bien reclamer Et do mari sovent clamer* (sich beklagen), LMan. 1063; *N'onqes mais röine n'ama Son signor tant, ne reclama*, Mousk. 27148.

₇ *bien a sa cort close, qui si voisin aiment* (13. Jahrh.), Leroux II 180.

192₇ *on crie toujours le loup plus grand qu'il n'est* (15. Jahrh.), Leroux I 117; *Ne parest pas, je n'en dout mie, Li leus si grant comme on le crie*, GCoins. 627, 447; *N'est pas si grans com on le crie Li leus*, Beaud. 169; s. auch hier Str. 257.

193₂ Weder von *enorgoillir* noch von *enorgoillier* (das schon Godefroy belegt, übrigens mit Mißdeutung der Stelle aus Aiol, die Foerster richtig erklärt hatte) kann *enorgueille* ein richtiger Konjunktiv sein; man wird darin einen Indikativ zu sehn haben, der auch in dem von *voloir* abhängigen Satze denkbar ist, wenn man versteht: ich glaube nicht, daß die ˈthatsächlicheˈ Überhebung des Armen Gottes Willen entspreche, Gott wohl gefalle.

₄ ‚blicke aus, fasse Ziele ins Auge' oder ‚urteile' ˈüber das, was ihm zustehn magˈ. Die Lesart von FβH ist freilich leichter verständlich.

₇ Leroux I 104; *qi ne ad cheval ayle au pié* ˈCambridg. Samml.ˈ, eb. II 394; s. EVoigt zu Fec. rat. I 599.

194₁ *bouler* scheint hier ‚verschwenden, verschleudern' zu bedeuten, in welchem Sinne ich es sonst nicht kenne. Hätte Gröber Substr. unter *burra* mit der Vermutung recht, daß afz. *bolc* ‚Trug' für *borle* stehe, dann könnte das *bouler* unserer Stelle mit dem bekannten oder vielmehr noch wenig bekannten *burlare* bei Dante Inf. VII 30 eins sein.

194₅ *enfler* vom Hunger, vgl. *Lors eut tel fain, a poi k'il n'est enflés,* Alisc. 107; *de faim neirs et enflez,* Troie 26644; *Car pitié ont de ceus que il voient enfler,* Ch. Ant. I 246.

₇ *ou vente ou pleut, si vet qui estuet,* Leroux II 277; *quant il plus plut, erre qui estut,* Zacher 140 *(Quando pluit mire, non cessat quem decet ire).* Das Sprichwort paßt nur zur zweiten Hälfte der Strophe.

195₁ *mesprison* heißt auch ,Mißgeschick, erfahrene Unbill': *Li autre ont assés lais et hontes, Mal' aventure et mesproison,* Ille 1567; *prendés conroi Que je conte par tel raison Que jou n'i aie mesproison,* Barl. u. Jos. 75, 3; *Quant ot fianchie prison, Sa gent voient le mesprison,* Rich. 3660.

₇ *eschaudez eaue creint,* Zacher 61; *L'en dit qu'eschaudez eve crient,* Ren. 15594 (M IX 280); *C'on dit: eschaudez eve crient,* Jub. NRec. II 146; *Qu'eschaudez doit iauc douter,* Rose 1794; manchmal mit dem Zusatz *chaude: Eschaudez est, chaude yaue crient,* GCoins. 547, 220; *Eschaudez d'eaue chaude crient,* Poire 525; *Rachaudez* (l. *Q'ach. == Q'esch.*) *iaue chaude crient,* Beaud. 1183 (s. Zupitzas Archiv 88, 375); diese Form auch (13. Jahrh.) Leroux I 42; auf die Katze angewandt *chat eschaudez iaue creint* (13. Jahrh.), Leroux I 99; *chaz eschaudez chaude eaue crient,* Köhler, Ehstl. Klosterl. 23.

196₁ *nonper* ,ungleich', indem einer hat, was dem andern abgeht. Doch kenne ich das Wort sonst nur in den Bedeutungen ,ungerade' und ,unvergleichlich'.

₇ *pour donner et pour prendre sont mere et fille bien ensemble* (15. Jahrh.), Leroux II 284; *donanz e pernanz fet meres et filles amies,* Zacher 41; *Par prendre et donner, ce me semble, Sont mere et fille bien ensemble,* Clef d'am. 747; *Versa vice dando sunt filia [et] mater amicae,* bei Hauréau IV 180; Fec. rat. I 352; Prov. rust. 26.

197₁ Über die Konjugation von *grondir, grondre* s. Risop a. a. O. 14 und 109.

₆ Von der Verwendung von *mais* mit Konjunktiv im Sinne von ,wofern nur' handeln Foerster zu Aiol 3530, Dubislav, Über Satzbeiordnung für Satzunterordnung, Halle 1888 S. 30.

₇ *toutes paroles se laissent dire, et tout pain mengier* (13. Jahrh.), Leroux II 328.

198₃ Der Zusammenhang zwischen den empfangenen Schlägen und
dem Scheren ist nicht recht klar; die Verbindung *tonduz
come fous* ist sehr gewöhnlich, und bekannt die Stelle Me-
raugis 211, wo das geschorene Haar als Kennzeichen des
Narren erscheint.

₇ *miex vaut boas taisirs que mauvais parlers* (13. Jahrh.),
Leroux II 262; *meuz avent taire qe folie dire* (Cambridg.
Samml.), eb. 391; *Mius,vient a l'oume taire que parler estotie,*
RAlix. 432, 9; *Et mieus valt bon taisir que ne fait fol parler,*
Destr. de Rome 154.

199₇ *mui(e) de froment a denier, gai(e) qui ne l'a,* Zacher 54;
beuf a denier, dolent celui qui ne l'a, Leroux I 94.

200₇ *a tel marché tel vente,* Meyer S. 172; *a tel marchié tel vente*
(13. Jahrh.), Leroux II 166; *C'est costume de Grece* (vielleicht
guerre wie 84, 5 Variante): *a tel marcié tel vente,* RAlix. 85,
35; *Bien sai que je morrai, puis qu'a diu atalente; Aussi
fera chascuns; a teil marchiet teil vente,* RAlix. Romania
XI 240, 390; eb. 224, 123; *de tel merchié tel vente,* Gir.
Ross. 163; *de t. m. t. paye,* eb. 89; *de tel marchié tel vente,*
Ruteb. I 303; *a teil merchiet teil vante,* Bern. LHs. 170, 3.
Vgl. *Ensinc tout jour l'arme tormante* (der Teufel); *De tel
merchié li rant tel vante,* Lyon. Ys. 944; *De mal marchié
male vençon,* LMan. 55; *de tel vente tel marchié,* Barb. u.
M. IV 186, 168. Eigentlich wohl: ‚je nach den Verkaufsver-
hältnissen gestaltet sich der Preis‘; dann ‚wie die Ursache,
so die Wirkung; wie die Umstände, so das Ergebnis‘.

201₀ Über *ptroupt* s. meine Bemerkungen in Zupitzas Archiv Bd.
86 S. 442 Anm. und Bd. 87 S. 277.

202₇ *entre deux selles chiet on (chiet dos) a terre* (13. Jahrh.),
Leroux II 130; *entre deus seles chet dos a terre* (Cambridg.
Samml.), eb. 389; *Qui sur deus selles veut seoir, A terre se
peut (bien) tost veoir,* I Ys. II 50; vgl. Fec. rat. I 175 und
EVoigt dazu. *selles* sind ‚Stühle‘.

203₇ *Mult a buer le vergant, ki sun ami chastie,* Rou II 1341.

204₃ *soi afiancier* hier ‚sein Wort geben‘.
₃ *ne t'i atent* ‚verlaß dich nicht darauf‘, vgl. *a dieu m'en
atent,* Gaufr. 9; *Tote la moitié li donra, ... Seurement s'i*

puet atendre, Dolop. 127; *Car se garir vos an doit nus, A moi vos an pöez atandre*, Clig. 3021; hier Str. 245.

204₇ *qui foi ne tient, seirement ne garde* (13. Jahrh.), Leroux II 299.

205₃ *en ses flours* ‚obenauf, in Herrlichkeit und Freuden, auf der Höhe seines Lebensganges‘; vgl. *En la flur de sun meillur pris*, MFce G 69.

206₃ Die Zeile ist neben der ersten herzlich schwach.

₄ Vielleicht *detour* statt *de tout* zu schreiben.

₇ *Mais joute (?) respandue n'est toute recuelie*, BSeb. XIII 333.

207₅ ‚die Sache, eine solche Sache‘.

₇ ohne den scherzhaften Anhang: *De tout et par tout est mesure* (13. Jahrh.), Leroux II 213.

208₇ *Ainz si boullans euwe ne fu, Se longement iert loing del fu, K'elle ne redevenist froide; Car si caude n'est, ne refroide, Öit dire l'avés pieça*, BCond. 332, 1883; *Car n'est si chaut qui ne refroit*, Roi de Cambrai in Œuvr. de Ruteb. I 447.

209₁ *entrepris* ‚ratlos, ohnmächtig, bedrängt‘.

₇ *la ou chat n'est souris i revele* (13. Jahrh.), Leroux I 100; *la ou n'i ad chat, surriz se revele* (Cambridg. Samml.), eb. 390; *la ou n'a chat, sorit se revelent*, Zacher 213; *hinqui ou chat n'est, suris i balont*, Robert 60; *La ou chat n'a, souris revele*, Roi de Cambrai in Œuvr. de Ruteb. I 445; *Lor il n'a cat, soris revielle*, Rich. 3630; vgl. Prov. rust. 14, Fec. rat. I 35.

210₁₋₄ ‚Wenn ein gemeiner Mann reich ist und wenn sein Herr weniger hat (als der Untergebene) und auf Gewinn erpicht ist, dann sucht er (der Herr) fortwährend Händel mit ihm‘.

₇ s. zu 51₇.

211₁ ‚Wenn ein armer Teufel über einen noch ärmeren Teufel Gewalt gewinnt‘.

₇ *Rus vile est, credo, cui gens asinaria praedo*, Prov. rust. 12, wozu EVoigt (wohl nicht mit Recht) auf Ecclesiastes X 16 verweist: *vae tibi terra cujus rex puer est*.

212₂ Die Lesart von A würde besagen ‚das irgend wer mir verschafft‘.

₃ ‚ich habe sie zum ersten Mal, ich fange an sie zu besitzen‘.

₇ *de nouvel tout m'est bel* (13. Jahrh.), Leroux II 212; *du novel semble bel, et de veuz entre peez* (Cambridg. Samml.), eb. 388; *de novel tot est bel, de vieut entre piez*, Zacher 256.

213₁ Daß *hait*, namentlich in älterer Zeit, auch *,disposition, humeur, caractère'* heiße, wie Godefroy angiebt, ist für mich nicht völlig sicher. Es bedeutet sicher *,Lustgefühl, Wohlbefinden',* hier vielleicht mit geringer Modifikation *,Kraftgefühl, Selbstbewußtsein'.*

₅ Der Sinn des Verses ist mir unklar, wie er zu lesen sei, ungewiß. Hat man das sonst allerdings durchweg von *male* begleitete *voe* (aus *vota*) vor sich, mit dem sich GParis in Romania II 100, X 41, XVIII 154 beschäftigt hat, und heißt *parjurer sa voe* ,leichtsinnig sein Geschick verschwören' d. h. allerlei Unheil auf sich herabbeschwören für den Fall, daß man etwas nicht ausführe, wie übermütig Drohende wohl thun? Mit *s'avoe* weiß ich nichts anzufangen.

₇ *manaces ne sunt launces* (Cambridg. Samml.), Leroux II 391; der Gedanke, daß Drohungen nicht ohne weiteres tödlich seien, wie ihn der Spruch von D ausspricht, begegnet öfter: *manechié vivent,* Eust. Moine 247, 2096; *Manechié vivent, ce dist on,* Jeh. et Bl. 3407; *Mais je sai bien que manechiés Vit plus que mors ne fait d'asés,* RViol. 214; *assez Va des maneciez au marchié,* Claris 24730; *de maneches vit on moult longement,* BSeb. XXII 341.

214₇ *Ne puet garder millor cha(s)tel Qui son cors garde, ne plus bel,* Fl. u. Lir. 1169; vgl. *Car qui garde son cors, mie ne se fourvoie,* HCap. 208; *Bonne garde vaut trop d'avoir,* Claris 14728.

215 Vgl. den Anfang von Str. 205; die Flexionsfehler in der zweiten Strophenhälfte verraten spätere Entstehung. Das Sprichwort soll wohl sagen: ,wie ich dich sehe, so vermute ich dich' d. h. aus der Lage, in der ich dich vorfinde, schließe ich auf deinen Wert; vgl. 57.

216₁ ,wer mit großer Zuversicht zu einer Thorheit zurückkehrt, die ein erstes Mal straflos geblieben ist'.

₇ *tant va le pot au puis que il quasse* (13. Jahrh.), Leroux I 44; *tant va le pot a l'ewe q'il brise* (Cambridg. Samml.), eb. II 395; *tant vet le pot a l'eve que il pece,* Zacher 135; *Tant [va] li poz au puis qu'il brise,* GCoins. 462, 31; *Tant vat li poz a l'iaue qu'aucune fois il brise,* Gir. Ross. 209; *Tant va pot a l'eve que brise,* Ren. 13650 (M VI 88); *Tant*

ret le pot a l'iaue qu'i brise, I Ys. II 468; *La kanne est
tant portee que depuis est brisie,* BSeb. IV 426; *Tant va li
kanne a l'iauwe qu'il le convient brisier,* eb. VIII 116, XXIII
14;.. *qu'en le fin est brisans,* eb. X 332;.. *qu'i le convient
fröer,* XXIV 897; *tant va li poz a l'iaue qu'il brise,* in lateinischer Predigt bei Hauréau IV 161; *tant va la cruche a
l'eaue que le cul y demeure,* Lat. Landry S. 130. S. auch 231.

217₅ *toit* ist nicht bloß ‚Stall‘, sondern auch menschliche ‚Wohnung‘:
*Mors! Jacobins et Cordelois Va preecier dedens lor tois
Qu'il est tos jors tans de bien faire,* VdlMort 42, 2.

₇ Bei Zacher 67 nur in Übersetzung: *Vulva trahit corda plus
quam fortissima corda,* vgl. *Mais li cus plus que corde tire,*
Barb. u. M. IV 204, 230; *Ahi, plus tire cus que corde,*
GDole 5286. S. auch 221.

218₇ *a tart est main a cul, quant le pet en est hors,* Zacher 132.
S. auch 232, 261.

219₇ S. auch 179.

220₂ *mois* heißt wie *moissart* (das Godefroy irrig für eine Nebenform des ungefähr gleichbedeutenden *musart* hält) ‚dumm,
einfältig‘, vgl. *L'engin de feme* (so die Hds.) *tant connois:
Qui trop les aime, si est mois,* Amad. 5910.

₇ *Court baston haste grande ânesse* citiert Leroux I 89 aus
Baïf.

221₄ Vielleicht *Que ele veut;* denn die Form *el* für *ele* scheint
dem Gedichte fremd.

₅ *anel* (der Hds. Fβ) in gleichem Sinne Ren. Bd. V S. 180;
Mont. Fabl. II 24, II 138; Ren. 1245 (M III 491); hier Str.
227, 6 Var.

₇ Das Sprichwort, das ähnlichen Sinn hat mit dem von Str. 217
und darum in D mit diesem vertauscht erscheint, begegnet
noch in der Veuve von Gautier le Long Tr. Belg. I 241, 486;
dort liest man *Pitiet de cul trait leus* (l. *lens*) *de chief,* was
Scheler nicht hat deuten können. *lent* (diese Form auch
Ren. Nouv. 1977) oder *lente* (in dieser Form noch neufran-
zösisch) ist ‚Nisse‘. *traire lentes de chief* soll eine besonders
mühsame, nur dem beharrlichsten Willen gelingende Arbeit
bedeuten. *lendem* gab zunächst *lent,* dem um des weiblichen
Geschlechtes willen das *e* angefügt wurde.

222₂ *estrous: plusours* der einzige ungenaue Reim dieser Art in dem Gedichte.

₇ Vgl. 176. *qi tut coveyt, tut perde* (Cambridg. Samml.), Leroux II 395; *qui tout convoite, tout pert* (13. und 15. Jahrh.), eb. 311; *qui tot covoite, tot pert,* Zacher 69; *Cil qui tot covoite, tot pert,* Ren. 1186 (M III 432); *Voir dist li livres et savoir: Qui tot covoite, trestot pert, Ce t'os je bien dire en apert; Tiex cuide avoir tot a sa part Qui del tot s'en desoivre et part; Moult est honis qui tot covoite, Qar son gaain pert et le jete,* eb. 14391 (M VI 681); *Bien doit avoir mal quil desert, Et qui tot covoite, tot pert,* Barb. u. M. II 130, 86; Chast. XVII 157; *Li proverbes dit en apert: Cil qui tot convoite, tot pert,* Oisel. 410; Mont. Fabl. V 36; *Qui tot coveite, trestot pert,* eb. VI 41; *Ki plus coveite que sun dreit, Par li mëismes se deceit; Kar ce k'il a, pert il suvent E de l'autrui n'a il* (l. *n'a son) talent,* MFce II 79; *Tout pert cil qui l'autrui convoite,* I Ys. II 50; *Ki plus couvoite k'il ne doit, Sa couvoitisse le deçoit,* Mousk. 27055; *on dit en proverbe: qui tout couvoite, tout pert,* Men. Reims 466; *et toz jors dit on: qui tout covoite, tout pert,* Ph. Nov. QT 136. Damit kann man zusammenfassen: *Qui tout viut, et tout part* (Var. *trestot pert), des auquans le dist on,* RAlix. 17, 9; *gloz veut tot et pert tot,* Zacher 70; *glout a tout ou il pert tout,* Leroux II 142. Noch weiter liegt ab: *on le dit piec'a C'on convoite tel chose dont il sourt grant hontage,* Dit Rob. D 1005.

223₄ vgl. 196, 7.

₇ S. zu 39.

224₂ Mir unverständlich. Ist *pas u escalier* = nfz. *patin d'e.,* die Treppensohle, auf der die Treppe lastet?

₄ ,er fährt über seines Lehnsmanns Grundstücke' (?).

₅ *enmarïer* sonst nicht belegt; Godefroy kennt *amarïer.*

₇ S. zu 172.

225₁ *andouille* hier gebraucht wie Barb. u. M. IV 258, 91; Ren. 12425 (M I b 2663).

₃ S. Str. 6.

₇ *qui bon morsel met en sa bouche, bonne nouvele ou cuer li touche* (13. Jahrh.), Leroux II 293; *qui bon m. m. e. s. boche,*

bone novele envoie a son cuer, in lateinischer Predigt bei Hauréau II 95.

226₁ *bourdon* ‚Spaßmacher‘, wie *bourdeour*; beide heißen freilich auch ‚Lügner‘.

₇ S. zu Str. 189.

227₅ Vgl. *ce fu moult grant folage Quant dant Renart* .... *Vos* (Hersent) *entra onques es arçons,* Ren. 9754 (M I 102); *conmunaus est as garçons; Trestuit li entrent es arçons,* eb. 12858 (M I b 3086).

₇ Der Spruch, der mir sonst nicht vorgekommen ist, kann heißen: ‚über einen Widerwärtigen trägt ein keineswegs Schöner den Sieg davon‘, d. h. es bedarf nicht großer Schönheit, um einen Unangenehmen auszustechen, oder: ‚ein Widerwärtiger siegt, keineswegs ein Schöner‘. Beides könnte der Geschichte von Joconde als Moral angehängt werden.

228 Im Sprichwort werden *petiz* und *granz* nicht persönlich zu nehmen sein, sondern sächlich wie *chauz* in Str. 208.

229₁ *gent de mestiers* scheint die Leute von ‚gelehrten Berufsarten‘ zu bezeichnen; s. *cil de mestier sont mout grant genz; car cil qui ont les soverains mestiers, ce sont prestres et clers, qui ont la cure des ames; et ont grant seignorie aus fait* (l. *faiz*) *dou siecle avocaz et mires et les genz de touz autres mestiers ausis,* Phil. Nov. QT 213 (Hds. B); *cels qui ont bon cuer et franc, puet l'an avoir et doit por bien, ce est par biau requerre et proier cortoisement* ..; *et toz cels de mestier covient avoir par loier,* eb. 215.

₇ *tout ce qui reluyt n'est pas or* (15. Jahrh.), Leroux I 54; *n'est pas or quantqe reluist* (Cambridg. Samml.), eb. II 392; *N'est pas tout or quanqu'on voit luire,* Ruteb. I 79; *N'est pas tout or quanqu'il reluit,* eb. I 92; I 206, 317; II 177; *Un proverbe dist et raconte Que tout n'est pas or c'om voist luire,* eb. I 261; *Car n'est mie tout or qui luist,* Roi de Cambrai in Œuvr. de Ruteb. I 446; *N'est pas tot or or ice qui luist,* Ren. 27949 (M VII 159); *Mais de plusiours est li recors Que ce n'est mie trestous ors Quanqu'i luist,* Ren. Nouv. 1690; *Qant ke reluist n'est pas fins ors,* Fl. u. Lir. 41; vgl. EVoigt zu Fec. rat. I 121.

230₁ *prent* ‚zum Weibe nimmt‘.

230₃ *doit estre* ‚ist mit Recht‘, ‚es geschieht ihm recht, wenn er ist‘.

231₁ *a gabelet* ‚im Scherz, zum Spaß‘ (wie *a gabelès*, Cour. Ren. 101, und *a gas* sehr oft) bildet den Gegensatz zu *a certes* ‚im Ernst‘.

₇ S. zu 216.

232₁ *lerres* der (abgesehn von *autres* und *povres* 38. 273? 64? und 71? 138) einzige Fall, wo das analogische *s* des Nominativs gesichert ist.

₇ Der Spruch von Fβ¹ ist schon 218 begegnet und kommt 261 zum dritten Male vor. — Vgl. *Conseil arriere valt petit*, Rou III 7926; *après le fait ne vaut souhait*, Leroux II 174.

233₄ Die erste Person des Präs. Ind. mit *e* gebildet ist dem ältesten Bestande des Gedichtes fremd.

₆ Auch dies ist ein Sprichwort. Vgl. *Uns cols en aigue pert moult pau*, CPoit. 5; *C'or n'i pert ne que cops en eve*, Ruteb. I 322.

234₇ Der Spruch soll wohl sagen: ‚wer sich gut, angemessen, schicklich ausdrückt, verletzt damit nicht, zieht sich kein Übelwollen damit zu‘.

235₂ Schreibe *Ne doit ja tr.*

₅ Der Flexionsfehler wäre beseitigt, wenn man schriebe *Venir l'en pueent plait.*

₇ Das mir nicht bekannte Sprichwort paßt wenig zu der Strophe; eher fügt es sich dazu, wenn man *en* tilgt. ‚Eine schlecht eingesalzene Speckseite ist ein Verderb für die ganze Fleischkammer‘.

236₇ Der Wortlaut des Str. 266 wiederkehrenden Sprichworts ist nicht recht sicher. Hier giebt die Hds. *perere*, dort *priere*. *perriere* ‚Steinbruch‘ ist zu ‚Binsenland‘ ohne Zweifel ein guter Gegensatz, vielleicht ein besserer als *praiere* ‚Wiese‘, weil für den Wert eines Steinbruchs günstige Lage wohl noch mehr in Betracht kommt, als für den einer Wiese: aber in der Cambridger Sammlung steht *meuz vaut pres cheri (?) que lonteyn praerie*, Leroux II 391, und bei Zacher 157 liest man *mieiz vaut pres jonchier que loin praer* mit der Übersetzung *Diligo plus pratum uicoso* (l. *juncoso*) *gramine plenum Juxta me positum, quam longius utile fenum.*

237 Die Strophe aus lauter fünfsilbigen Versen gehört sicher nicht zum alten Bestande des Gedichtes; ihre zweite Hälfte ist dazu recht ungeschickt. Das Sprichwort ‚der heiße Fladen zeigt sich an, macht sich bemerklich (durch den Rauch)‘ ist mir sonst nicht begegnet.

238₁ Wahrscheinlich zu schreiben *pour pendre* ‚wenn's ums Hängen ginge, ums Leben nicht‘; *ains me lairoie pendre, Anchois soie jou träinee, Que je soie ja s'espousee*, CPoit. 42.

₇ S. zu 131.

239₁ *gage* ist hier ein beliebiges Stück beweglichen Eigentums, das allenfalls einmal als Pfand verwendet werden könnte.

₂ Der ungenaue Reim ist der einzige dieser Art im Gedichte.

₃ *gat* von *gaber*.

240₇ Das Sprichwort wiederholt sich in Str. 263. *quant l'en plus enmut* (l. *remuet) l'ordure, cele* (l. *e ele) plus put*, Zacher 191; *Car tant con plus muet on la merde, Plus put, sourent dire l'öeis*, JCond. II 13, 414; *Plus muet on le fiens, [et] plus pust*, Méon I 332, 456; vgl. Prov. rust. 69 mit EVoigts Anmerkung dazu, Fec. rat. I 113.

241 ‚ein Thor, wer sich vornimmt einen verdorbenen Jüngling zu reuiger Umkehr zu bringen‘.

₇ Fast gleichlautend in Str. 271. *qi a fumer lute, a deuz pres* (l. *pars) se conchie* (Cambridg. Samml.), Leroux II 394.

242₇ *bouzon* ‚Bolzen‘; *l'un trunçon fet l'autre vendre*, Zacher 130 *(Frust(r)a vendentur mala, si bona consocientur)*, wonach zu vervollständigen ist *l'un tronçon fait l'autre* bei Leroux II 258; *ung quartier fait l'aultre vendre* (15. Jahrh.), eb. 108. Dies alles macht die Form des Spruches mit *bouzon* stark verdächtig.

243₇ *festu* ‚einen etwa daran klebenden Halm‘?

244₇ S. zu 87.

245₃ S. zu 204, 5.

₄ ‚sobald das Geschenk auch nur ein bißchen auf sich warten läßt, ist es besser, alle Hoffnung aufzugeben; dann sind die Knauser im Festhalten weitherziger als im Herausgeben‘.

₇ S. zu Str. 48.

246₁ Öfter als vom Pfahl ist von der Rute die Rede, die man selbst gebrochen habe und mit der man gezüchtigt werde:

*La verge dont il sont batu, Ont bien a lor deus mains
cueillie*, Perc. 14106; *Je cuit, tu as tele verge coïlli, Dont tu
seras et batus et laidis*, MGar. 199; *Maintes fois ai õi conter
en reprovant Que mains hom kelt la verge dont on le bat
avant*, Venus 165 b; *maint homme oinst* (l. *cuilt?*) *la verge
dont il mēismes est batu* (Cambridg. Samml.), Leroux II 391;
teu cuilt u. s. w., eb. 395.

246₅ Subjekt ist wohl das Weib.

₇ S. zu Str. 78.

247₇ Vgl. *oign(i) lo vilain, il te chïera en la main*, Robert 24
und gleichlautend eb. 65; vom Undank des *vilain* ist sonst
noch öfter die Rede: *oigne le villain, il te poindra; faites
bien le vilain, et il vous fera mal*, Leroux II 81; 82.

248₆ *errance* ist hier nicht das mit *errare* zusammenhängende Wort,
welches ,Irrtum, Ungewißheit, Sorge' bedeutet, sondern das
von *errer (*iter-are)* abgeleitete; *metre en errance* ist daher
,in Gang, auf den Weg bringen'; das gleiche, seltene Wort
in *Car il vivroit en bone errance*, Fragment in Escan. S. XXV.

₇ S. zu 162.

251₁ *esploitier* ,betreiben, fördern'; vgl. *or esploitiez Ma besoigne
et si la coitiez Qu'il n'i ait fors de l'espouser*, Barb. u. M.
I 180, 481; *Bien a cil nostre ovre avanciee Qui l'a ocis, et
espleitiee*, Troie 16538; *Se vous pöés mon afaire esploitier*,
RCambr. 7462; *Mais pur l'oevre espleitier les vers abrigerum*,
Rou II 3.

252₇ *desuz bon seignur prent hume grant colee*, übersetzt: *Dantur
ob ingentes dominos colaphi venientes* (ich denke *veementes*),
Meyer S. 178. Den französischen Spruch möchte man etwa
verstehen ,einem guten Herrn zuliebe nimmt man gern einen
tüchtigen Hieb hin'; der lateinische Vers scheint eher zu
sagen: *Quidquid delirant reges, plectuntur Achivi.* Aber
keins von beiden paßt recht zu der Strophe. In der bei
Meyer gegebenen Form kann der französische Spruch allenfalls auch bedeuten: ,auch unter einem guten Herrn trägt
man einen tüchtigen Hieb davon (durch Schuld derer, die
zwischen dem Herrn und dem Untergebenen stehn)', und das
verträgt sich mit der Strophe; wie aber die Form der Hds.
II sich mit jener vereinigen lasse, sehe ich nicht.

253₃ ‚wenn er (der Herr) ihn kennt und auf die Probe stellt, und er (der Herr) habe ihn gern um sich‘.

₄ *qui* mit *se* zu vertauschen mag man sich versucht fühlen; doch ist die Anakoluthie nicht unerträglich.

₇ *qui bien est, ne se remue* (vielleicht *remueve* oder *remut?*), Leroux II 292; *Quar je ai maintes foiz öi En un proverbe que l'en trueve: Qui bien est, qu'il ne se remueve*, Barb. u. M. IV 181, 184; *Vous savez bien c'on dit en reprouvier souvent: Qui est bien, ne se mueve*, Jub. NRec. I 2; *fox est cil qui bien esta, S'il se remue et il lonc va Seur esperance d'avoir mieus*, Cour. Ren. 377; *L'on dit: qui bien est, ne se muet* (Indik.), bei Jeanroy, Orig. XXVIII 50; auch in lateinischer Predigt bei Hauréau II 283.

255₇ Vgl. *Qu'on soloit dire en reprovier: Mar vit li om son avie prier*, Mousk. 17019.

256₇ S. zu 135.

257₇ S. zu 192.

258₁ *ami* ist hier ‚Verwandter‘. Zur Konstruktion von *descovrir* vgl. *tu a foi m'an eideras Ne ja ne m'an descoverras*, Clig. 5518; *Ja nel descovera de son consoil*, Aiol 3853; *par vous n'iere descouvers De mon consel*, Amad. 2784.

₄ *lui* ‚sich selbst‘.

₅ ‚wenn er ihn so nah angeht‘, daß die Schande des Übelthäters eine Schande auch für ihn, den Geschädigten, mit sich bringt.

₇ *qui coupe son nez, défigure son visage*, Leroux II 294; *qi son neez coupe, enledist sa face* (Cambridg. Samml.), eb. 395; *Cil qui tranche son nes, il vergonge sa fache*, Elie 1565; *Mult eslaidist sa face, qui sen nes fait trencier*, RAlix. 20, 36; *Car qui cope son nes, sa face est despechie*, Bast. 4094; *L'en seult dire et voirs est sens faille Que trop est fox qui son nez taille; Sa face a tous jors deshonore*, Rose 17469; *Et cil cunchie sa baulevre Ki son(t) nes trence*, Mousk. 9289.

259₇ Nahe steht *mieux vault savoir que penser*, Leroux II 264, wo *penser* mit dem *cuidier* von Z. 4 gleichbedeutend ist.

260₇ S. zu 100.

261₇ S. zu 218.

262 Die Strophe erinnert an den Schwank, den sich Markolf mit Salomon erlaubt: *die autem transeunte et hora cene adve-*

*niente rex sedit ad cenam cum maximo apparatu suorum,
et Marcolphus sedens cum aliis inclusit tres mures in mani-
cam tunice sue. Fuerat enim in curia regis Salomonis
cattus ita nutritus, ut omni nocte rege cenante teneret candelam duobus pedibus, coram universis cenantibus stans et
duobus pedibus lucernam tenens. Cum jam bene omnes ce-
nassent, Marculphus emisit unum de muribus, quem cum cattus
conspexisset et post illum ire voluisset, nutu regis est retenta
(l. -us); dumque de secundo mure factum fuisset similiter,
Marcolphus emisit tertium murem, quem cum cattus conspexisset, ultra non tenens candelam (sed) eandem rejecit et
post murem currens illum apprehendit. Hoc Marcolphus
videns dixit ad regem: ecce, rex, coram te probavi plus va-
lere naturam quam nutrituram,* Sal. et Marc. 62 v⁰ (Druck
ohne Ort und Jahr). In der Zeitschr. f. deutsch. Altert. IX
83 findet man die nämliche Geschichte in Hans Vindlers
‚Blume der Tugend‘ erzählt; ebenda VIII 376 ein friesisches
Sprichwort übersetzt: ‚Natur geht über die Lehre, sagte Sa-
lomons Katze; da warf sie das Licht weg, als eine Maus
über die Diele lief‘.

262, *nature passe nurture* (Cambridg. Samml.), Leroux II 392;
meulz vaut nature que nurreture, Meyer S. 171; *Pur ceo
melz valt nature que ne fait nureture,* Ph. Thaon Best.
S. 109; *Nature sormonte et trespasse Tout ce ke norreture
amasse,* Dolop. 49; *Nature passe nourreture,* JCond. II 265,
116; *Nature met norreture en oubli,* Mätzn. Afz. L. XLIV
31; *Salemons dit que ja por noureture Ne changera nule
riens sa nature,* Tr. Belg. II 21, 29; *Trop est fort chose que
nature; Qu'el passe nëis norreture,* Rose 14983; bei Robert
53 findet man den Gedanken nur in lateinischen Formen:
Quod natura dedit, tollere nemo potest u. dgl.

263₂ *coup* ‚Hahnrei‘; *sofrant* ‚geduldig‘ heißt auch für sich allein
schon ‚Hahnrei‘: *Hui verrez les gelos, Les sofranz e les cous,*
Cor 274; ebenso prov. *sufren.*

₇ S. zu 240.

264, *poutre* hier natürlich weiblich; Godefroy hat für das Wort
nur weit jüngere Belege.

265₃ ‚darum, daß er dabei nur wenig gewinnt‘.

265₄ Soll man *Par* statt *Car* schreiben?

266₂ *roion* ‚Furche‘ (nfz. *rayon*), von *roie* (nfz. *raie*).

₇ S. zu 236.

267₄ Der Flexionsfehler ist beseitigt, wenn man *en est* mit *s'en fait* vertauscht.

₇ Man wird erinnert an *ce qui vient de la flûte, s'en retourne au tambour*, Leroux II 190, doch ist der Unterschied deutlich erkennbar.

268 Im Brot gebliebene Spreu verursachte einem Bauer Zahnschmerzen; die Schlaflosigkeit, die für ihn die Folge davon war, hatte das Gute, daß er sein Vieh rettete (das ihm sonst gestohlen worden wäre). Die Geschichte ist mir anderswoher nicht bekannt.

₇ *meuz vaut paile en dent qe nïent* (Cambridg. Samml.), Leroux II 391; *meulz valt paille en dent que nient (Da paleam denti, plus quam nichil hec fit edenti. Sit denti palea; plus nichilo fit ea)*, Meyer 170. Die Geschichte der Strophe scheint willkürlich ersonnen zur Erläuterung des. Sprichworts, das jedoch einen ganz andern Sinn hat, als sich aus der Erzählung ergeben könnte.

269₄ Der Flexionsfehler wird kaum zu heben sein.

₇ Besser als das schon zu Str. 71 verwendete Sprichwort (mit dem Zusatze *cornier* ‚Ecke bildend‘) könnte das von Str. 220 hier wiederholt werden.

270 Der hier von der Krähe gemeldete Zug ist mir sonst nicht begegnet.

271₁ *A bouche de four A si grant chalour, Ja n'i croistra herbe, Ce dist Salemons. Ja cul de putain Au soir ne au main Ne sera sans merde, Marcoul li respont*, Méon I 431, 107, mit dem nämlichen ungenauen Reim, wie in unsrer Strophe.

₅ *trou* für *trop* zu schreiben?

₇ S. zu 241.

272₄ *la vieille*, nämlich *chaucemente*, ist auch zu Z. 5 als Objekt hinzuzudenken.

273₂ Sonst ist *suen* durch den Reim gesichert (30, 77, 149).

₇ Das Sprichwort, das an das von Str. 57 erinnert, ist dunkel und wird durch die Strophe nicht verständlicher.

274₇ *il n'avra pas bonne part de ses nopces, qui n'y est*, Leroux II 234.

275₇ *bien pert s'alleluye, qui a dos de buef la chante* (13. Jahrh.), Leroux I 94; *il perd sa alleluya qe a cul de boef le chaunt* (Cambridg. Samml.), eb. II 390; *por neent chante l'en alleluia au cul de boef*, Zacher 83; vgl. *Quar cil pert moult bien l'auleluie Qui por un noiseus le deluie*, Barb. u. M. III 381, 29.

276₇ S. zu 212.

277₄ *tele* nur hier.

₇ Vgl. bei Méon I 432, 116.

278₇ S. zu 46.

279₂ *recuevre* hier wohl von *recovrir* ‚zudecken'.

₆ Vielleicht *tant come on le set* ‚insoweit als man es erfährt'.

₇ Vielleicht mit Reim *ne se doit pas trop adoler*.

280 Die Strophe, die in D dem Ganzen zur Einleitung dient, eignet sich dazu ihrem Inhalt nach ganz wohl, wird aber durch die abweichende Reimordnung mehr als verdächtig.

Alphabetische Zusammenstellung der im Texte und in den Varianten begegnenden Sprichwörter.

De petit *aguillon* point l'on (chace l'on) (bien) grant asnesse 220 Buens est li deus qui en present (qui après s.
Leroux II 183) *äide 48* Vente et pluet (V. o plueve), va cui estuet
(pluet a cui est oès) 194 Vil a s'alleluie, qui au cul dou
buef la chante 275 De ce qu'on ne puet amender, ne se doit
l'on pas trop doloir 279 Qui moi aime, mon chien (Qui m'aime,
si aime m. ch.) 162 248 A bien amer a face pert 86 Qui
mieuz aime autrui de soi, au molin fu morz de soi 188 Par
petit pertruis voit on son ami 153 N'est amis, qui rien ne
lait 25 Mieuz vaut amis en voie que deniers en corroie 68
Plus apareilliee chose remaint 7 Qui s'aquite ne s'enconbre
122 Cui li asnes (l'asnesse) est, a la coue li court (si li court
a la coue, sel tiegne par l. c.) 47 Dolente (est) la vile qu'asniers
proie (pourvoit) 211 Qui bien atent, ne souratent (ne se repent) 1 A tart prent, qui en autrui bourse (q. a l'autrui) s'atent
103 Qui (a) autel (Qui a tel) sert, d'autel (de tel) doit vivre
(d'autel vive) 73 Cui (Quant) avient (vient) une (Cui aventure
avient), n'avient (ne vient) soule 31 35 Feme avere trois foiz
sele 109 A sëur fiert, qui n'a que perdre 171 Vis est qui
nïent n'a, et plus vis qui ne puet 127 Tout se fait lié (Touz
est liez), qui auques a 52 Tant as, tant vaus, et je tant t'ain 86
Bacons mal salez en charnier enpire 235 Au besoing
voit on qui amis est (qui est a., v. on son ami) 72 De bien fait
col frait 143 De celui me lo qui bien me fait 97 Ou (La ou)
chiet boise, si sourt (la muet) noise 15 Teus cuide boivre
sour les coustes (s. les coutiaus) d'aucun (b. le coutel son conpaignon), qui boit sa chape atout le chaperon 99 Teus cuide
boivre autrui sourcot, qui paie souvent tout l'escot. 99 A bon

*droit boit (la) merde, qui en son puis (poing) la chie 230 A
sëur boit, qui son lit voit 56   Bontez autre requiert (et colee
sa per) 39 223   Qui bon morsel met en sa bouche, bone novele
envoie a son (au) cuer 225 Li uns bouzons fait l'autre vendre
242   Qui brais a en cuve, ne doit blasmer autrui cervoise 185
Las buès souef marche 178   Au bon buef esmuet on le char
158   Ja de buisot (de buisart) ne ferez (ne fera on) (bon prenant) esprevier 41*

*Li bon celeour vainquent (Li bon sofrere vaint partout)
55 Malement celera autrui, qui soi mëisme ne puet celer 167
Teus chace le dain et ui et demain qui puis le pert tout 34
(Cil) qui dous (d. choses) chace, (et) nule n'en (ne) prent 34
Vuide chanbre fait fole dame 57 Biaus chanters enuie 189
226   Et par pluie et par bel (Et par bel [bel tens] et par lait
[lait tens]) doit l'on porter sa chape 13 44 Mal fait la chape,
qui ne fait le chaperon 132   Ou chat (chaz) n'a, souriz (i) revelent (revele) 209 Li chaz set bien (Asez, Bien set [li] chaz)
cui barbe il leche 4   A courte(s) chauce(s) longue(s) lasniere(s)
82 N'est si chauz qui ne refroit 208 Desouz chemise blanche
a mainte brune hanche 277 Sages hon ne chiet ou (en) pont
28 Cheval (A ch.) doné ne doit on (on pas) en bouche garder
(g. en la b.) 92 Ne faut (pas) dou tout, qui a (qui ou) cheval
monte (fiert l. siet?) 62   Qui n'a cheval, voist (si voist) a pié
193 Ne sont pas tuit chevalier, qui (cil qui) a (sour) cheval
montent (vont) 201 Cui (A cui) li chiés deut, tuit li menbre
li falent (li duelent) (Qui le chief a enfer, tuit li m. li duelent)
36 Chiens en cuisine son per n'i (ne) desire 10 Li chiens se
lieve de (son) souef dormir et va au bourc colee recoillir 61 Qui
son chien veut tüer (Qui het son chien), la rage li met sus (m.
soure) 118 Tant doit on le chien blandir que on ait la voie
passee 144 Tant grate chievre que mal gist 61 Qui (au) matin
prent (reçoit) la colee, toute jour (tout le jour) la conporte (la
porte) 50 Qui comande, si demande 157 Plus sont (est) de
conperes que (q. ne sont) d'amis 19 Dou pain a mon conpere grant piece a mon filluel 58 D'autrui prou (belet) s'esjot,
qui le con sa feme (dame) voit 18 Conseuz a rieremain n'est
prouz 232 Teus conseuz avant revient 156 Fous est (N'est hon),
qui conseil ne croit 24 De povre conseil mauvais jugement 30*

*Qui ne conte et prent (Q. conte nc pr.), (il) ne set qu'il (que)
despent 151 Bon chatel garde, qui son cors garde 214 En la
coue (coife) gist (est) li enconbriers 105 142 Qui tout couvoite, tout pert 176 222 Mal est coverz (se cuerve), cui li
cus pert 2 De mains se crieve on l'ueil (m. crieve on son ueil)
que d'un chevron (chevron cornier, d'un tinel) 71 209 Qui cuir
voit taillier (Quant fous v. t. c.), corroie(s) demande 126 D'autrui
cuir larges corroies (large corroie) 58 131 148 238 Plus tire
cus que corde 217 221 Pitiez de cul trait lentes de chief 221
     Plus (Con plus, Tant plus) a li deables, (et) plus couvoite
(veut) 20 Mui de froment a denier (M. de ble a d.), dolent
celui qui ne l'a 199 Qui deniers a (a deniers) en bourse, si
a vin en pot 69 Dou bon detour prent on avaine, et dou
mauvais ne ce ne quoi 130 Pour nient argue, cui dieus
n'aiue 38 En pou d'oure dieus laboure 133 Cui dieus veut
aidier, nus ne li puet (ne li puet nus hon) nuire 38 Tuit dit
se laissent dire (dire et tuit pain mangier) 197 Qui dit bien,
ne dit mal 234 Tuit li doi de vostre main (d. la m.) ne sont
pas oni 116 Ce que (Que) sire done et sers ploure, ce sont
lermes perdues 106 Qui ne done que (d. ce qu'il) aime, ne prent
que desire 124 Qui n'a que doner, plus est durs que piere 128
Enviz me donroit l'uef, qui le festu en leche 243 Que vient
legierement, soit doné largement 267 Donant et prenant sont
fille et mere bien (s. fil et mere) (Meres et filles donanz et prenanz sont amies) 196 Qui tout me done, tout me viee (me tout,
me nie) 30 Qui petit me done, il (cil) veut que je vive 17
Tant con dure, tant aiue 114*

     *Teus s'enbat come chiens qui vit come hon (Qui s'emb. c.
ch. [c. soz] si vit [si vait] c. h.) 134 Enuious vaint ne mie
(nient) biaus (bel) 227 Qui fol envoie a la mer (e. en m.), n'i
a ne poisson (n'avra p.) ne el 100 260 Qui fol envoie, fol
(e., folie) atent 100 L'erbe qu'on conoist doit on metre (liier)
a son ueil 173 Male erbe croist asez (cr. touz tens) 125 Eschaudez iaue (i. boulant) crient 195 Qui une foiz escorche,
dous foiz ne tont (n. t. d. f.) 75 Qui espant sa goute, ne la
requeut toute 206 A tart ferme on l'estable, quant li chevaus
est perduz (Quant l. ch. e. p. [emblez], si [donc] ferme l'on [f.
fous] l'e.) 49 Qui a estront luite, de toutes parz enbrace la*

*merde (l., conchiiez s'en part) 241 271   Qui est u i e de son disner,
mieuz l'en est a son souper 129*

    *Qui maintes fist, maintes fera 166   Qui a mestier (Q. m. a)
dou feu, a son doi le quiert 147   F l a o n s chauz s'ensaigne 237
Qui foi ne tient, ne (non fait il) serement 204   Tel foi, tel
cheneviere 80   De fol et d'enfant (d'ivre) se doit on garder 110
Entre fol et sage a grant devise 251   Il fait mout bone journee
(Bone j. [Bon journel] fait), qui de fol se delivre 123   De fol
folie et de cuir corroie 85   Le pain au fol manjue on avant 77
Mout remaint de ce que fous (li f.) pense 37   A petite f o n t a i n e
boit on souef (on bien aise) 180   La f o r c e paist le pre 121
Ou f o r c e vient, justice prent 101   Mieuz vaut bone f u i e (fuite)
que mauvaise atente 64*

    *Petiz g a a i n z est biaus, quant il vient souvent 265   De
bone(s) g a r d e (s) ne fu (f. il) onques trop 89   Qui est garniz,
n'est desconfiz 28   Con (Que) plus g i e l e, plus estraint 76   Noire
g e l i n e pont blans uès (blanc uef) 119*

    *De si h a u t si bas 179 219   (Cil) qui (Q. plus) h a u t monte
(bee), de (de plus) haut chiet (qu'il ne doit, sa convoitise le deçoit)
21   Plus dure h o n t e que soufraite 22*

    *I r o u s (Iriez) n'a conseil 137   Buer (Bon) jëu n e le jour,
qui la nuit (q. au vespre) est saous 84   Mieuz vaut pres j o n -
c h i e r e que loing (q. lointaine) perriere 236 266   Qui j u e n e s
saintist, vieuz enrage 32 De j u e n e saintel (papelart) vieil deable 32*

    *Torte l a i g n e (busche) fait droit feu 161   Qui lait n'a,
megue manjust 272   Qui l a n g u e a, a Rome va 184   Ja ne
verrez si l a r g e con celui qui rien n'a 112   Il est bien lere
(Mout est l.), qui a l a r r o n enble 141   Ce cuide li lere que
tuit soient si frere 23   Con plus main l i e v e li malëurez, plus
a lonc jour 270   Con veut li rois, si va la l o i s (Si vont les
lois come li seignour vuelent) 175   Mout est l o i n g de Rome,
qui a Paris jupe 169   Qui de l o i n g garde (l. se pourvoit), de
pres s'esjöist (p. jot) 78 246   De l o n g u e s (De lointaines) terres
longues novcles 91   Li l o u s n'est pas (mie) si granz come on
le crie (con l'en l'escrie) 192 257   Buer escrie (chace) le lou,
qui sa proie rescout (r. s. p.) 13 96*

    *M a a i l l e n'est perdue qui sauve denier 155   Touz tens n'iert
pas (n'iert mie) danz Gerouz (m. Gillous) m a i r e 90   N'est touz*

maus, qui äide 39 Trop puet on manecier 213 Manecié vivent et decolé muerent 213 A tel marchié tel vente 200 Que ne manjue sainz Martins, si manjue ses pelerins (M., ce font si ome) 183 Oigniez a mastin le cul, il vous chïera en la paume 247 Ja de l'ome mauvais ne fera on proudome 41 Menaces ne sont pas lances 213 Tel la menez, tel la prenez 273 Ainz ment li hon qu'il muire 139 Quant (Con) plus remuet (esmuet) on la merde, et ele plus put 240 263 Mieuz vaut (Mieudres est) mestiers que espreviers (q. chiens ne e.) 174 Mesure dure (Chose ou a mesure plus longuement dure) 9 De tout est mesure, fors de sa feme batre 207 Tierce mie paste set 3 Mieuz vaut miens que nostres 79 (A) enviz (A paine) muert, qui apris ne l'a 16 Longue corroie tire, qui la mort son voisin desire (auch mit Umstellung der Sätze) *140 Encontre (Contre) mort nul (m. n'a) resort 105 Toutes oures ne sont moures 83 Sages hon prent mouton en lieu de venoison 280 Qui bien est, ne se mueve 253*

Qui ainz naissent, ainz paissent (naist..paist) 186 Mieuz vaut nature que nourreture 262 Qui son nes coupe, sa face desenoure 258 Mal est bailliz, qui a ses noces n'est 274 Souef noe, cui on tient le menton (tient par le m.) 148 Mal noure, qui n'asavoure 170 De novel tout est (m'est) bel et de viez entre piez 212 276 Quarante bien vestu ne despoilleroient un nu (Home nu ne puet on despoillier) 107 Petite nue a grant brai 31 Teus puet nuire qui ne puet aidier 165

Mal oure pour autrui (De male oure naist), qui soi oblie (Pour nïent prie [Mal eure] qui s'oblie) 60 De put uef (lin) put oisel 14 N'est mie tout ors quanqu'il luist (ors que l.) 229 Ja dui orgoillous ne chevaucheront bien un asne 65 Asez otrie, qui se taist (qui mot ne sone, q. m. ne dit) 6 Qui a (a droite) oure veut mangier, a (ainz) oure doit apareillier 27

De quoi (Cui) donra paiage, qui rien ne porte? 108 Mieuz vaut paille en dent que nïent 268 Fous est, qui court a meillour pain (q. m. p. quiert) que de froment 54 Pains chauz n'a que trois (dous) quartiers (et li durs en a quatre) 66 De mainte(s) se pourpense, qui pain n'a 74 Qui pain a (Q. a p.) et santé, riches est (il e. r.), si nel set (Mout est riches et nel set, qui a pain et santé) 102 Parent parent; dolent celui qui n'a

nïent 154 Petite *parole* fait grant tençon (*p.
esmuet grant
brait*) (*De pou de parole vient granz noise*) 29 31 De bele *parole* (*pramesse*) se fait fous tout lié 181 Bone *parole* bon
lieu a 187 A mol (*mal*) *pastour* (*li*) lous chie laine 26 De
viez *pechié* novele honte 29 Chose perdue cent souz (*.c. f.*) vaut
63 De *nïent* se corrouce, qui *nïent* ne *pert* 233 Qui petit
a et petit *pert*, de grant (*de petit*) se deut 45 71 Trop *puet*
l'on garder le *perier* son aiuel 255 Toutes voies *pesche*, qui
aucune chose (*q. rien ne*) prent 95 Tart (*A tart*) main (*met m.*,
est mains*) a(*u*) cul, quant (*li*) *pez* est hors 218 232 261 Mieuz
vaut bons *petiz* que granz mauvais 228 Tel *pié* baise (*p. tert*)
on qu'on voudroit qui fust coupez (*v. avoir coupé*) 88 Pi e r e
volage (*P. volanz*) n'*aqueut* (*ne queut*) mousse (*ne puet coillir m.*)
93 Viez *plaie* cuit (*nuist*), et viez dete *äide* 29 A petite *pluie*
chiet granz venz 67 Qui mieuz ne *puet*, a sa vieille se dort 152
Qui fait ce qu'il *puet* (*fait que p.*), on ne li doit riens demander (*p., toutes ses [les] lois acomplist*) 146 A petit *porcel* done
dieus bone pasnaie (*racine*) 8 Tant va li *poz* a l'iaue qu'il (*se*)
brise (*le col*) 216 231 Qu'aprent *poulains* en dentëure, tenir
le veut tant come il dure 115 Pov r e s hon fait povre plait 86
De bel *prameteour* mauvais paieour 250 Ja ne verrez preecheour qui en la fin ne demant 164 Au *premier* (*premerain*)
coup ne chiet pas (*mie*) li chaisnes 5 Qui avant (*Q. premiers,
Q. primes*) *prent*, ne s'en (*ne se*) repent 53 Il se sont maint
ome, qui lour *preste*, si lour done 239 Qui *preste*, ne jot;
qui ne *preste*, mal ot 163 *Privez* mal achate 87 244 *Privez*
sire fait fol vassal 120 Ja (*Ja mais*) ne verrez si mauvais (*si
mal*) larron con le *privé* 190 Qui fait son *prou*, ne cuit sa
main (*son doi*) 11 Qui a *proudome* parole, si se repose 249
Qui petit r e f u s e, grant masse ne doit prendre 25 Ne set
li r i c h e s qu'est (*r. coment il est*) au povre 182 Ro m e ne fu
pas faite toute en un jour 98 Vieuz r o n c i n s fait juene poutre
poire 264 Qui ne r u e v e, ne prent 86 Dolent celui qui r u e v e
(*Mar fu nez qui prie*) 138 A dès brait la pire r u e e dou char
(*La p. r. d. ch. se fait touz jourz öir, La p. r. d. ch. brait touz
jourz*) 33
Ja ne verrez si grant folie con de s a g e ome 85 Qui ainz
s a u t qu'il ne doit (*ne doie*), ainz chiet qu'il ne voudroit (*n.

rueille) 111 Au colon saoul cerises ameres 3 Ne set li saous come (que, qu'il) est (c. estait) au fameillous (au jëun) 52 177 Mieuz vaut savoir que soz paroir 259 Qui bien set et le mal prent, fous est tresnäivement 168 Mauvais (Mal) partir fait a (son, au) seignour (a gueule) 51 210 En l'amour dou seignour gaaigne li serjanz 159 Pour bon seignour grosse colee 252 Entre dous seles (d. arçons) chiet cus (li c.) a terre 202 Qui siet, il seche; qui va, il leche (Qui va, leche; qui siet, seche) 135 256 Pour (Par) soufraite de proudome asiet on (si met l'on) fol (le fol, bric) en chaiere (en banc) 46 278 Mieuz vaut bons taires (taisirs) que fous parlers (q. trop p.) 198 Mieuz vaut tendre que ronpre 94 Mainz hon jete a ses piez ce qu'il tient a ses mains (Fous est qui ce qu'il tient jete a s. p.) 59 Mieuz ain un (vaut uns) ,tien' que dous (dui) ,tu l'avras' 48 245 Qui tout tient, tout pert 176 Selonc le tens la tenprëure 81 De mëisme la terre fait on le fossé 172 224 Il pert bien (Bien pert) aus tez, quel li pot furent 160 Mieuz vaut uès donez que uès mangiez 113 Qui n'a qu'un ueil, souvent le tert (tuert) 149 (Ce) que euz ne voit, cuers ne deut 40 L'uevre se prueve 111

Vendre que vendre, doner que doner 87 Mal (Mauvaisement) venge sa honte, qui l'acroist 150 Tel te voi, tel t'espoir 215 Tel le veez, tel le menez 57 Buer (Bon) a son verjant, qui (q. en) chastie son enfant 203 Entre dous verz la tierce mëure 145 Au vespre (soir) loe on le (le biau) jour et au matin son oste 12 Veve dame n'a ami 205 Tantes viles tantes guises 51 Ce fait vins que ne fait iaue (q. i. ne puet) 136 Plus a de parole(s) en un mui de vin qu'il n'a en cent charretees de froment (en un sestier de v. que en un mui d'iaue [de froment]) 43 Voie batue n'aqueut erbe 93 Bien a sa court close, cui si voisin aiment (cui ses voisins aime) 191 Ce que voisins set, ce sevent tuit 96 Mal fait tencier a son voisin 96 Voisins tout set 96 Qui a mal voisin, si a mal matin 104 Qui le damage son voisin desire, le suen aproche (s. aproisme) 117 Petit (Pou) est sëurs de sa maison, qui la son voisin voit ardoir 42 De vuide main vuide priiere (vaine pramesse) 70

Druck von **Pöschel & Trepte** in Leipzig.

Gabriel Nicolaus

Carl von Linné, Vollständiges Natursystem